总顾问：王明哲
总主编：张　量

历史不能忘记系列㉑

日军细菌部队罪行录

郭成周◎著

中国民主法制出版社
2015年·北京

图书在版编目（CIP）数据

日军细菌部队罪行录/郭成周著 . —2 版 . —北京：中国民主法制出版社，2015. 7（2020.7 重印）

（历史不能忘记系列）

ISBN 978-7-5162-0955-4

Ⅰ. ①日… Ⅱ. ①郭… Ⅲ. ①日本关东军—侵华事件—史料—青少年读物 Ⅳ. ①K265. 606-49

中国版本图书馆 CIP 数据核字（2015）第 180432 号

历史不能忘记系列

张量 主编

图书出品人： 刘海涛

出 版 统 筹： 赵卜慧

责 任 编 辑： 吕发成 陈棣芳 胡百涛

书名/日军细菌战部队罪行录

作者/郭成周 著

出版 · 发行/中国民主法制出版社

地址/北京市丰台区玉林里 7 号（100069）

电话/63055259（总编室） 63057714（发行部）

传真/63056975 63056983

http://www. npcpub. com

E-mail:mzfz@npcpub. com

经销/新华书店

开本/32 开 880 毫米 ×1230 毫米

印张/5. 875 **字数**/119 千字

版本/2015 年 7 月第 2 版 2020 年 7 月第 3 次印刷

印刷/三河市人民印务有限公司

书号/ISBN 978-7-5162-0955-4-01

定价/20. 00 元

修订版序

中国出版集团旗下中国民主法制出版社，将在中国人民抗日战争暨世界反法西斯战争胜利70周年之际，修订再版“历史不能忘记”系列丛书，我感到非常高兴。当年我参加组织编写了这套丛书，得到了社会的认可。在老一辈无产阶级革命家杨成武同志为第一版作序后，由我为再版作序。虽然水平有限，然出版社坚持，也只好尽力而为了。

1993年以后，日本国内的右翼势力开始猖獗，日本政局也开始出现右倾化的动向，不时上演参拜靖国神社、篡改历史教科书、否定南京大屠杀，为日本侵华战争涂脂抹粉，企图推卸战争责任的闹剧。前事不忘，后事之师。要让中国人民和世界人民永远牢记这段历史，尤其要让青少年从小就了解、记住这段历史。在我国国内，虽然抗日战争方面的图书资料很多，却难见一套比较系统地对青少年进行抗日战争方面的爱国主义教育的丛书。1998年初，中国民主法制出版社的编辑赵卜慧等同志策划了“历史不能忘记”系列丛书。受出版社邀请，我组织时任中国社会科学院近代史研究所所长、《抗日战争研究》杂志主编、中国抗日战争史学会副会长张海鹏，中国第二历史档案馆馆长、中国抗日战争史学会理事周忠信，中国人民大学中共党史系主任、博士生导师陈明显，中国人民抗日战争纪念馆编研部主任、中国抗日战争史学会常务理事、研究员张量和中国人民解放军军事医学科学院研究员、细菌学专家郭成周以及对抗日战争史有深入研究的专家学者，精心编写了这套丛书。这套丛书收录了大量的史料和图片，有些是首次公之于众的，揭露了日本侵略中国所犯下的滔天罪行，如南京大屠杀、日军细菌部队罪行等；讴歌了中国人民浴血奋战，与日本侵略者血战到底的气壮山河、可歌可泣的民族精神，如八一三淞沪会战、台儿庄战役、百团大战等。该丛书第一版推出12本，于1999年9月出版。丛书出版后在读者中引起了很好的反响，当年就名列共青团中央“中国新世纪读书计划第7期新书推荐榜”，并被列为上海市中小学生图书馆必备书目，荣获第9届上海市中小学生优秀课外读物三等奖。

近几年，日本政府在右倾化的道路上越走越远，尤其是安倍上台以后，不但矢口否认历史，而且否认对侵略历史表示歉意的“村山谈话”，挑起诸多事端，解禁集体自卫权，对外出售武器，动摇日本战后和平宪法的根基，加快日本军国主义的复活，引起世界各国尤其是曾经遭受日本军国主义铁蹄蹂躏的亚洲邻国的高度警惕。

为了铭记历史、缅怀先烈、珍视和平、警示未来，2014年2月27日，全国人大常委会通过了《全国人民代表大会常务委员会关于确定中国人民抗日战争胜利纪念日的决定》，以法律的形式，将每年9月3日确定为中国人民抗日战争胜利纪念日；2014年4月10日，又通过了《全国人民代表大会常务委员会关于设立南京大屠杀死难者国家公祭日的决定》。今年是中国人民抗日战争暨世界反法西斯战争胜利70周年，我国将在纪念日举行空前盛大的阅兵活动，向世界宣示中国维持战后世界秩序的坚定决心。

在此之际，修订再版“历史不能忘记”系列丛书，充分体现了中国民主法制出版社的担当意识和责任精神。丛书站在新的历史方位，挖掘和整理最新史学研究成果和文献资料，由初版12册增加到22册，内容更加丰富，事实更加清晰，范围更加广阔，尤其是把儿童抗战、文化抗战、台湾抗战、空军抗战、海军抗战等鲜为人知的抗战史料呈现在读者面前。不难看出策划者把这套丛书作为精品工程精心来打造的良苦用心。

2014年7月7日，习近平总书记在纪念全民族抗战爆发77周年仪式上指出，历史是最好的教科书，也是最好的清醒剂。中国人民对战争带来的苦难有着刻骨铭心的记忆，对和平有着孜孜不倦的追求。中国的抗日战场，是世界反法西斯战争的东方主战场，中国抗日战争的胜利，为世界反法西斯战争作出了积极贡献。中国抗日战争的胜利，是中国近代以来第一次取得的反对外来侵略的彻底胜利，一雪百年屈辱历史，它是中华民族由衰败走向振兴的重大转折。

实现民族复兴的中国梦，是每一位中华儿女共同的历史使命。中华民族的伟大复兴、美丽中国梦的实现，许多道理需要让历史告诉未来。中国人民会铭记这段历史，以史为鉴，时刻保持清醒头脑，警惕日本军国主义的死灰复燃，牢记“落后就要挨打，就要受人欺负”的教训，紧密地团结在以习近平为总书记的党中央周围，发奋图强，努力学习和工作，把我们的国家建设得日益繁荣富强，为早日实现中华民族伟大复兴的中国梦而努力奋斗。

中央档案馆原馆长
中国档案学会原理事长
中国抗日战争史学会原副秘书长 王明哲
2015年5月

第一版序

抗日战争，这是个历史性和现实性都很强的话题。

说它具有很强的历史性，那是因为，这场战争的爆发距今毕竟已有62年。时至今日，战争的硝烟早已散尽，在和平共处五项原则的基础上，中日两国正面向未来，致力于建设和平与发展的友好合作伙伴关系。至于有关反映抗日战争的文章和书籍，60多年来则更是难计其数。

说它具有很强的现实性，则是由于：其一，抗日战争毕竟是自1840年鸦片战争以来，帝国主义列强发动的历次侵华战争中最残酷的一场战争，也是中国人民反抗外来侵略最坚决并最终取得全面胜利的一场战争。这场惨绝人寰的侵略战争造成了3500万中国人的伤亡，造成了1000亿美元的直接财产损失，使千百万中国人流离失所。这么一场空前的民族大灾难，无论如何不应该也无法从人们的记忆中抹去。其二，抗日战争虽然早已结束，但它给我们留下许多血的教训：得道多助、失道寡助。尽管有一时的强弱之别，然而玩火者必自焚，正义终将战胜邪恶；贫穷、落后就要挨打，就会受人欺辱，只有国家富足强盛，才能人民安居乐业……所有这些，都将犹如警钟长鸣，时时警示着世人。其三，人总是要有点精神的。中华儿女在这场民族灾难中所表现出来的浴血奋战、不怕牺牲的抗战精神，作为一种极其宝贵的精神财富，无论时间再久远，都将永久地熠熠生辉、光芒四射。在和平的年代里，在社会经济建设中，我们仍然需要弘扬这种宝贵的民族精神。其四，随着时间的推移，抗日战争渐渐成为历史，年青的一代只能从历史书籍、从教科书中去了解这场战争的真相了。也正因为如此，在日本，总有那么一些人不时地挑起事端，他们或在教科书问题上大做文章，或在日军侵华史实上黑白颠倒，企图篡改历史，误导后人。历史霎时间似乎成了一个任人打扮的小女孩。为此，要不要把这场战争的本来面貌告诉世人特别是年青的一代，显然成了摆在每一个史学工作者面前的现实问题。

有鉴于此，中国民主法制出版社约请了长期从事抗日战争问题研究、占有大量客观资料的专家学者，历时数载，撰写了这套“历史不能忘记”丛书。丛书本着对历史负责，对后人负责的态度，严格尊重史实，凭借事实说话，分《以史为鉴　面向未来》《九一八事变》《七七卢沟桥事变》《八一三淞沪会战》《平型关战役》《台儿庄战役》《南京大屠杀》《百团大战》《日军细菌战》《中国空军抗战》《中国海军抗战》《中国抗日远征军》

《抗日英烈民族魂》《华侨支援祖国抗战纪实》《国际友人与抗日战争》《华北抗日》《华东抗日》《华南抗日》《抗战中的延安》共19个分册，全方位多角度、系统客观地披露和介绍了抗日战争的爆发背景以及发动经过、侵华日军在战争中所犯下的滔天罪行、中国军民抗击侵略者的著名战役、献身于抗战的民族英烈等。其中，一些材料和观点尚属首次公开发表。

日本的一位首相曾经说过：“我们无论怎样健忘，也不能忘记历史。我们可以学习历史，但不能改变历史。”作为一种民族灾难，抗日战争过后的今天，无论是挑起这场战争的加害国还是遭受侵略的被害国，惟有正视史实，以史为鉴，才能更好地面向未来，防止悲剧再度发生。而再现历史真相又是问题的逻辑前提。我想，这恐怕正是撰写和出版这套丛书的目的所在吧。

作为抗日战争的亲身经历者，我愿意把这套丛书推荐给需要了解和应当了解这段历史的人们。

杨成武

1999年4月4日

初版前言

江泽民主席于1995年在纪念世界反法西斯战争和我国抗日战争胜利50周年大会上说："日本侵略者对中国人民犯下的罪行，成为历史上最野蛮、最残酷的一页。"其中有令人发指的细菌战和化学战。

本书通过调研和档案的记载而记录下的内容，就是这一事实的真实写照。

为了要将被称之为"历史上被隐瞒的一章"调查清楚，补入史册，我们于1952年就开始了对有关材料的收集工作。但因日本对华细菌战是在极端保密中进行的而鲜为人知，所以多年来只了解到有731部队作人体试验杀害我三千军民一事，尽管如此也无法得以证实。直到改革开放，我国与外国的交流增加，特别是1989年由我国中央档案馆编写的《细菌战与毒气战》一书出版后，才证实了这一事实，并受到了国内外学者们高度的重视，也使我们调查和收集材料有了很大的进展，为本书的编写提供了条件。近年来的进展有：

在中国方面：

在哈尔滨前日军731部队的遗址处，建立的"731部队罪证馆”现已接待了数十万国内外人士。最近发现了地下秘密通道，韩晓馆长等专家特作了勘查。金成民副馆长还从哈尔滨档案馆找出了前日军宪兵队送交给731部队作人体试验人员的原始档案，证实了受试者确实是我国坚贞不屈的爱国儿女，受害者也决不止3000人。南京前日军九华山细菌工厂遗址在施工时首次挖出了细菌试验者的遗骨。

宁波市的医学科学研究所所长黄可泰，调查和核实了1940年在宁波发生的细菌战事实，写出了《惨绝人寰的细菌战》一书，并译为日文在日本刊出，有力地支援了中国民间诉讼团向日本政府提起的诉讼，黄可泰所长还作为见证人参加了诉讼团。杭州浙江大学教授徐绍全献出了多年来对浙江细菌战调查的数十万字的手抄稿，供诉讼团使用。

根据前日军广州细菌战部队成员丸山茂的检举，广州社科院沙东汛教授就日军在广州使用细菌武器对来自香港难民进行的大屠杀进行了全面的核查。

中央电视台记者刘爱民为了配合对浙江和广州的细菌战调查，拍摄了两部新闻调查记录片，向全国播出。

在美国方面：

著名记者约翰·鲍威尔，最早于1981年在原子能科学杂志上发表了题为《历史上被隐瞒的一章》的重要文章。

美籍华人吴天威、朱永德和傅运筹等教授，在美国成立了日本侵华研究学会并出版了《日本侵华研究》期刊，向全世界报道这方面的信息。

在日本方面：

历史学家井上清教授编写的《日本的历史》一书，以大量事实论证了日本是败于中国，而不是败于美国的原子弹，以及钓鱼岛是属于中国的等问题。

历史学家常石敬一教授，从美国的档案库中，找出了美国对日本细菌战的情报文件，写出了《标的·石井》一书和《日本医学学风与731部队》一书，揭露了许多在华的日本医生用中国人作人体试验的罪行。

历史学家松村高夫教授与我国吉林省社科院解学诗教授，在我国各地调查，写出了《战争与疾病》一书，证实了在中国许多地方流行的疾病，是和日军细菌战有关。

历史学家吉见义明教授从日本档案库中，找出了4名高级军官的作战日记，其中有细菌战的记载，成为目前重要的历史史证。

日本电视台记者吉永春子拍摄了采访731部队成员的录像片，成为十分珍贵的活史料。

社会活动家山边悠喜子，在日本募款，作为修建哈尔滨“731罪证馆”新馆和保护“731罪证遗址”的基金。

教育家森正孝，10 多次自费来华调查其祖、父辈在华的罪行，写文章和拍录像片，教育日本人民。

日本法律界的前日本律师会会长土屋公献和名律师一濑敬一郎联合了数十名日本律师，自愿为我国细菌战受害者家属义务担任辩护律师，向日本政府起诉索赔。

日本的社会活动家渡边登先生说："侵华战争日本人民也是有责任的，如果日本人民有了自己的正确观点，就不会盲从的侵华了，为此要进行教育。"他动员了 1 万人在日本 61 个城市和地区举办了"731 罪行"的全国展，前来受教育的人数，达到 23 万人，感化前日军细菌部队的成员，纷纷来华谢罪。仅和我会见的就有 731 部队的成员田村良雄（现名为良雄），他从事过 731 部队中多方面的工作；731 部队的门卫田中信一，他亲眼看见过活人解剖的事实；731 部队的司机铃木进，他运送过受害者的尸体并将其投入松花江；731 部队的航空员松本正，他曾投放过带鼠疫菌的跳蚤弹。我还会见过曾在北京细菌战部队工作的跳蚤饲养员伊藤影明，因此而得知在北京也有人体试验和该部队的本部设在天坛中的神乐署大殿的事实；南京细菌战部队的绘图兵石田甚太郎的外孙女水谷尚子，和我谈了她外祖父的长篇临终遗言；还会见了广州细菌战部队成员丸山茂，他谈了广州日军使用沙门氏菌屠杀来自香港难民的事实。

通过不懈的努力，我们收集到众多鲜为人知的史料，并于1997年写出了《侵华日军细菌战纪实》一书，终于将一些历史上被隐瞒的篇章，公之于世，补入史册。

这次承全国人大常委会办公厅中国民主法制出版社的嘱托，以尽可能通俗的语言为纪念新中国成立五十周年，编写一本相同内容的书，以对广大青少年进行爱国主义教育，我感到责任重大。因此需要提高认识，挖出祸根，找出原因，预测未来，作出对策和以法制的观点评论其责任的所在，以及能解答目前的问题。

为此我们特以前书为蓝本，又增添了针对以上提出问题的解答史料，以达到爱国主义教育的目的。

郭成周

1999年元月于北京

目　录

侵华日军细菌战概述

◎ 历史的记载

日本侵华是从1874年入侵我国台湾开始的，已有100多年的历史。1871年12月，一艘琉球的民船漂流至台湾，全船66人中有54人被当地岛民所杀，日本以此为借口出兵“征台”，索赔了50万两白银。接着，日本于1894年又发动了甲午战争，腐败愚昧的清朝政府一意委屈求和，不战而败，终又赔偿了军费2亿3千万两白银，从此武装了日本，加速日本走上军国主义道路，向我国进行了长达70年的侵略战争（1874～1945年）。

1927年春，日本帝国主义陷入了空前的金融危机。为了摆脱困境，田中义一首相召开了入侵我国大陆的“东方会议”。日本国土小，人口少，兵源不足，生产枪炮武器又缺乏五金矿产资源，要想征服中国和世界是没有把握的。当时身为军医大尉的石井四郎，将自己学到的细菌学知识，应用于军事，提出了使用细菌战的计谋。他献计说：“缺乏资源的日本要想取胜，只能依靠细菌战。”他还介绍了细菌武器的许多优越性，此意见获得了军方的采纳。

▲东方会议

1930 年，石井四郎于东京陆军军医学校防疫教研室成立了细菌战研究所，在 1931 年九一八事变向我国入侵时，已作了细菌战的准备。不料九一八事变时我国当局采取了不抵抗政策，日军轻易地占领了东北三省，成立了伪满洲国。在此期间石井四郎在我国黑龙江省五常县背荫河地区，建立了关东军细菌战部队，对细菌武器作了进一步的研制，并以人体进行活体解剖，验证其细菌武器的有效性，然后再使用于战场。

▲第 731 细菌部队长石井四郎

1936 年，日本天皇曾两次下达敕令，将石井细菌战部队扩建，并迁至哈尔滨平房，定员为 3000 人。又在长春孟家屯增建一支专为杀害牲畜和农作物的第100细菌战部队，定员为1200人。

1937年七七事变日军向我国全面入侵时，石井四郎说："现代化的武器，唯一的就是细菌武器。日本对细菌战是有把握的，其效果已在活人实验中证实过了。"又说："当时曾在18个师团里建立了细菌战部队的组织，活动于各个战场，还另设立了若干个机动性细菌战部队……"

据日方人士估计，日军曾动员两万人参与了细菌战，还收买了大批汉奸。在每攻占我一大城市后，必先建立细菌武器工厂，采取就地生产和就近使用的方针，以解决细菌武器储存和运输困难的问题。

1937年，日本在济南建立了第三个细菌战基地和工厂。1939年又在北平、南京、广州建立了细菌战基地和工厂，还在各占领的中等城市建立了63个细菌武器分厂，形成一个庞大的网络，笼罩在我国的大地上。

在我国中央档案馆编写的《细菌战与毒气战》一书中查出，日军曾在20个省内进行过细菌战。无论是进攻、退却、扫荡、清乡、封锁海港、摧毁航空基地、杀害难民、牲畜、毁良田等等无不使用细菌战，致使全国各地疫病大流行，杀害军民近百万人。日军济南细菌战部队竹内丰军医战俘在笔供中说："日本虽连战连胜，但随着战线的扩大，兵力愈感不足，用细菌战即可以寡胜众，以少胜多，这是一个最好的方法。"石井四郎也常说"是细菌战部队拯救了日本国家"，其含义是如果不使用细菌战，日本早已战败了。

1945年间，第二次世界大战有了较大转变，德国战败，日本成为众矢之的，败局已定。为了挽救败局，日军竟不惜将人类毁于一旦，妄图发挥其王牌武器鼠疫的威力。关东军总司令山田乙三命令，将原以贪污罪被撤职的石井部队长，重新调回第 731 部队，并将其提升为中将，策划一场最大规模的细菌战。这时石井说："各条战线上的战况恶化，我们就要使用最后极端手段，一次更大规模的细菌战，从而争得有利日本的转变。"按大本营的指示，日军准备于 8 月前完成这一任务，需要大量带鼠疫的跳蚤和老鼠。因此命令各个细菌战部队开始大量培养各种烈性致病菌，大量繁殖跳蚤，大力捕捉和购买活鼠，孤注一掷以造成全中国的鼠疫、霍乱、伤寒、炭疽大流行，灭绝中华民族。正在日军疯狂备战的严峻时刻，中国军队发动了总反攻，美军在日本投下了两枚原子弹，苏军又闪电般地进入了中国东北，迫使日本天皇颁发无条件投降书。关东军总司令山田乙三说："遂使我们失去使用细菌武器的可能。"如果不是中、美、苏三方面的及时夹攻，打败了日本军国主义，其后果实难设想。

在这次战争中，我国付出了 3500 万人的生命，遭受了 6000 亿美元的损失。后世的人们一定要认真地吸取教训，以防止日本军国主义的复活。

◎ 寻古知今——一个奇特的日本

我们虽然比较全面和比较系统地写出了《侵华日军细菌战纪实》一书，而对某些重大问题仍不理解，难于找出原因。

新加坡前总理李光耀说过一句话："日本绝不是一个正常的国家，它是一个极为特殊的国家，有必要记住这一点。"我国的一句古语说："明镜所以照形，古事所以知今。"我们从这两句话中受到启示，需要从日本的古代历史中去寻找答案。为此我们翻看了日本的历史，果然发现目前的许多问题都可以从中找出答案。

日本的历史是一部神话的历史，它是由人编造的，但又被当作国家的正史，还赋予了极强的政治功能。日本自称为神国，在公元712年写的《古事记》一书和720年写的《日本书记》一书中均有记载。日本学者村上重良说，这两本书是经过古代天皇之手编纂的政治神话，它编造了天照大神是世界上最高的神，天皇就是他的直系子孙，也是神在人间的化身。天皇不但是日本的最高统治者，也是全世界的统治者。

神是无处不在的，天皇也是无处不在的，人的一切行为神都知道，因此天皇也都知道，对天皇必须忠诚和有献身精神，以求得死后的恩赐。到了明治天皇时代，日本又提出了新的四大国民教育要求。

神国观念。以神道作为统治国家的政治制度，为日本的军国主义打下了思想上的理论基础。

天皇崇拜。从法律上确立了天皇万世一主的神圣地位，对天皇要有不折不扣的完全献身的精神，要相互监督。

武士道精神。封建统治者利用武士维护权力，对内统治，对外扩张。日本要求每一位国民都要有武士道精神，灌输到广大日本人的灵魂中去。武士道精神又是献身的精神，离开了献身就不是武士道精神。

武士道精神的实质是怕强者欺弱者，对主子和强者恭顺、忠诚，可以切腹、集体自焚；对弱者可以刀劈、枪刺、活杀解剖。若自己不如人，可以虚心求教；一旦自己强大，则恩将仇报，崇尚优胜劣汰，弱肉强食。只有别人冒犯自己，从不承认自己有错。武士的名誉比生命更重要，决不认罪和忏悔以求得宽恕，宁愿否认事实，掩盖历史事实。

皇国史观。以天皇的名义去统一全世界，称之为“万世一系”，以作为日本民族的奋斗目标，培养军国主义的扩张思想。

在1882年明治天皇亲自向全军颁布的《军人敕谕》中，明确说军队由天皇统帅，掌握大权，决不委之于臣下。

1926年裕仁天皇即位后，也在宪法中明确规定，没有天皇的命令和许可是不能与外国交战的。因此每次战争都是由天皇负责的。天皇还要求日本国民为了与天地共存之天皇伟业，奋勇作战，为天皇尽忠，培养出一代又一代绝对服从和忠诚的国民，卷入侵略战争。

经过几次的侵略战争以后，天皇为了巩固自己的统治地位，牢牢掌握手中的大权，更好地控制国民，又规定：凡效忠天皇献身的士兵，都能成为“护国之神”获得殊荣，进入“靖国神社”。目前已进入神社的，有历次侵略战争中死亡的士兵和被判为甲、乙、丙级战犯的东条英机、土肥原等245万人，定期受到天皇、皇后和政府要人的朝拜。他们的父母和子孙也都进入“日本遗族会”享有特权，在竞选中往往占有优势，被选为政府要员。他们只知其祖父之辈是为效忠天皇而献身的，而不知其在侵略战争中所犯下的滔天罪行。为此，日本与所侵略国之间的人民结下了终生难解的仇恨，成为日本右翼势力利用的力量。他们的发言，往往会有失言，他们对各种事务的判断也是极不正常的。例如，最近日本法院审理我国细菌战受害者家属的起诉案就是以100年前“大日本帝国”的宪法来判决的；对日本老兵东史郎的诉讼案竟判为败诉。这些，都极大地伤害了受害国家人民的感情，使人们感到又回到了侵略战争的时代。

新加坡前总理李光耀曾慎重指出：“只要日本年轻一代未掌握或不清楚过去，认清过去的事实和教训，日本将有重蹈覆辙的危险。”

德国前总统魏茨泽克也警告说：“闭目不看历史等于现在

还是瞎子"，"谁否认过去，谁就在冒重蹈覆辙的危险。"

日本的历史学家井上清认为，认真思考日本历史发展的道路，揭露日本帝国主义和军国主义的发展历史和天皇制度的形成过程，就会使人明白日本走上战争道路的原因。

目前，日本的军费开支列世界的第二位，日本的海军实力已排名为世界第二位，都大大超过了战后和平宪法的规定。日本诺贝尔文学奖获得者大江键三郎说，如果日本放弃了和平宪法的精神，一个非常可怕和非常危险的日本是会出现的。

◎ 细菌（生物）武器的基本概念

细菌（生物）武器是一种大规模杀伤武器，它能杀伤对方，也能杀伤自己。因此在进行细菌战之前，首先要对自己进行防护。

防护的主要方法是卫生防疫问题，其中主要的是使用有效的疫苗，对自己的军队和居民都要进行免疫，并要注意饮水和食物卫生。因此侵华日军的细菌战部队是和其防疫给水部队结合在一起的。

1. 定义

细菌（生物）武器是一个过时的名词，过去受科学进展的限制，只使用细菌作战剂即称为细菌战。后由于科学发展，使用了病毒（如天花、脑炎、黄热病、出血热等都是病毒所致的疾病）、立克次氏体（如斑疹伤寒、恙虫病、Q 热等是立克次氏体所致的疾病）、细菌产生的毒素（如肉毒菌毒素、葡萄球菌肠毒素、真菌毒素等）以及动植物中分离的毒素及有害的昆虫，都可以作为战剂使用，因此用细菌战剂为名就不适合了，而改名为生物战剂。

2. 细菌武器的优点

（1）杀伤力强、覆盖面积广。

石井四郎当时就说过，细菌（生物）武器的特点是威力大，钢铁制造的炮弹只能杀伤其周围一定数量的人，而细菌战剂具有传染性，可以从人再传染给人，从农村传播到城市，其杀伤力不仅远比炮弹为广，死亡率也非常高。由于细菌在适宜环境中有再繁殖、再传播的能力，就有可能使一个城市、一个省、一个国家或一个洲的人受害。自然界的鼠疫世界性大流行就是如此。

（2）只伤害人、畜，不破坏物资。

军事家们认为，原子武器虽有巨大的杀伤力，但它不但杀伤人，而且摧毁物，对侵略者来说是无益的。细菌（生物）武器只伤害人、畜而不破坏物资，可以夺取完好的物资加以利用。这正是侵略者最理想的武器。

（3）成本低、投资少，又不需要用钢铁。

细菌（生物）武器是最便宜的武器，又是效果最好的武器。俗语说，战争就是打钢铁战。因此石井四郎认为，缺乏资源和五金矿产的日本，要取胜只能依靠细菌战。

（4）细菌（生物）武器的生产技术比较简单。

一般医院的化验室就能生产小量细菌战剂，如日寇占领的上海福民医院就为侵华日军生产过细菌战剂。生产大量的细菌战剂，可以利用原有的生物制品（疫苗）所或改装抗菌素药厂等。和原子武器的生产相比，细菌（生物）武器的生产要简单得多，只占军费的1‰。军事家们说，不要以微小的数字而低估了细菌（生物）武器的作战能力。1969 年，联合国专家组的军事顾问小组的统计资料表明，半公斤的霍乱菌破坏力即相当于数吨的化学毒剂。

（5）细菌（生物）武器的生产隐蔽性强。

细菌（生物）武器可以在一般的房屋或实验室内生产，因此不易被发现。

（6）细菌武器不易被发现。

细菌（生物）武器是无声、无光、无形、无臭、无色的，不易被发现，其所诱发的疾病往往又是和自然界发生的疾病难以区分的，因此难于追究责任或报复。

（7）渗透性强和多途径的感染。

作战时往往利用工事（山洞、地道等）为掩蔽体作防护。细菌（生物）战剂可以用气溶胶的方式或昆虫（跳蚤、蚊、蝇）、老鼠等进行渗入。如日军在浙江施放鼠疫菌跳蚤时，当时浙江省主席也受到了鼠疫的感染。

（8）有持久性的杀伤效应。

细菌（生物）武器，一旦施放出去，通过连续的人、畜和昆虫的再传染，往往可达数年之久或长期为害。如英国人在二战期间作为细菌武器的航弹和炮弹施放试验中，炭疽芽孢菌可以存活数十年。也有人证实，真菌毒素保留 7 年其毒性丝毫不减退。许多致病菌，特别是病毒（比细菌更小的生物）一旦施放出去，找到了适合的宿主，如蚊、蜱、蚤、虱、鼠等，可以通过卵传代，永远存活下去，形成一个新的疫源地。

（9）难于侦察、检验、消毒、防护和治疗。

细菌（生物）战剂散布在广泛的外部环境中，难于采集和识别，往往是在大批人员发病和死亡时才被注意，而且一时又难以作出诊断。

（10）有产生恐怖心理的作用。

一旦造成大批人员发病和死亡，可引发人心恐慌，容易造成社会混乱，士气低落，丧失斗志。

3. 细菌（生物）武器的缺点

细菌（生物）武器的缺点也是明显的，也是造成人们对细菌（生物）武器的偏见和不信任的原因。

（1）细菌（生物）武器有难以确定的效果或难以预测性。

这是军事上的大忌。细菌（生物）是有生命的物质，有衰老和死亡等不能长期储存的问题。特别是受外界环境的影响较大，如温度、湿度，日光辐射中的紫外线，大气中的有害成分等均可以杀死细菌战剂，空气和大量水的稀释，以及风速和风向均能影响其作战效果。

（2）细菌（生物）武器有返回污染的作用。

细菌（生物）武器可受外界环境如风向改变而改变其攻击的方向，也有可能向自己方面播染。因此使用者本身都需要事先使用可靠疫苗进行免疫。在第一次世界大战时，德军使用了口蹄疫病毒攻击法国的牲畜获得了成功，但是此病也传到了德国，德国的牲畜死亡比法国更多。

（3）使用细菌（生物）武器会受到世界人民的谴责。

细菌（生物）武器是大规模杀伤武器，其扩散的范围也是不分国界的，其危害可以波及全世界，是世界人民都坚决反对的，因此世界上大多数国家很早就签订了禁止使用细菌武器的国际公约。

（4）细菌（生物）武器的有效期很短，不利于储存和远送。

这也是军事上的大忌。侵华日军采用了就地生产和就近使用的办法来克服这些缺点。

4. 细菌（生物）战的一些特殊现象

（1）任何公约都难于对其禁止研制和使用。

（2）其使用后必然会加以否认。

（3）侵略战争特别是以强欺弱的情况下使用较多。

（4）多用于文化、科学和卫生落后的国家。

（5）细菌（生物）战最怕被揭露，群众性的声讨和向全世界人民公布等方式，都是制止细菌战的有效办法。

5. 目前国际上对细菌（生物）武器的评价

（1）美报认为细菌（生物）武器比核武器威胁更大。

美国世界新闻报 1995 年 4 月 21 日刊登题为《生物（细菌）武器是恐怖主义的理想武器》的文章。文中说："生物（细菌）武器比起核武器能具有更大的威胁，因为制造和使用这些武器相对讲要更容易。"

美国政府技术评估局的报告中指出，落在广岛的原子弹造成了 10 万人死亡，而一颗装炭疽菌的炸弹也能造成 10 万人的死亡。

（2）细菌（生物）武器列首位，核武器居次，化学武器列第三。

美国《外交》1998 年 1～2 月双月刊刊登《大规模毁灭性武器的新威胁》一文中说，今天随着细菌（生物）武器进入显著地位，核武器的危险性减小，而细菌武器的危险性增大了。技术评估局的调查结论说，以 100 公斤的炭疽菌在城市上喷洒就能杀害 100 万～300 万人。

（3）令人生畏的细菌（生物）武器。

生物（细菌）武器，利用现代化生物技术、基因转移和重组技术就可以培养各种新型的致病微生物。目前至少有 16 个国家在研制生物武器。

侵华日军细菌战部队的总体组织机构

侵华日军细菌战部队的组成，始于以石井四郎为首的日本东京陆军军医学校防疫研究室。九一八事变后，日本侵占中国东北三省，成立了伪满洲国，正式在黑龙江省五常县背荫河建立了关东军以石井为名的细菌战部队，对外称加茂部队或关东军防疫给水部队。

▲关东军防疫给水部旧址

1936年日本天皇敕令扩大组织，在哈尔滨和长春各建立一支细菌战部队。在哈尔滨建立的细菌战部队是以石井细菌战部队为基础扩建的，有5个支队，定员3000人，是专为研制杀人用的细菌武器的基地和大本营。在长春建立的细菌战部队是以原关东军马匹防疫厂为基础扩建的，定员1200人，是专为研制杀害牲畜（军马等）和农作物的细菌战部队。这两支部队组成了一支全面性的（对人、畜和农作物三方面）细菌战部队。

1937年七七事变后日本又在18个师团里成立了细菌战的组织和若干个机动性的细菌战部队，活动于各个战场。1938至1939年间又陆续在华北的北平、华中的南京、华南的广州各建立一支细菌战部队，各定员1500人，随后又在我国各大中城市建立了63个细菌战支队或细菌工厂。据日方估计约两万人参与细菌战的工作，此外还收买了大批汉奸。几乎每个作战部队都进行过细菌战。下面是侵华日军细菌战部队的组织机构。

侵华日军细菌战部队的组织机构

第731部队（哈尔滨平房区），部队长：1932～1942年为石井四郎，1942～1945年为北野政次，1945年3至8月又为石井四郎，定员：3000人。 曾在海拉尔、孙吴、牡丹江、林口和大连设立5个支队。	前身为1930年建立于日本东京陆军军医学校的防疫研究室。1932～1939年迁往我国黑龙江省五常县背荫河，对外称加茂部队或奈良部队。 1940～1945年迁往哈尔滨平房区。先后称关东军第659部队、第731部队、第25202防疫给水部队。直属关东军总司令部领导，属于皇军。
第100部队（长春南郊孟家屯），部队长：1936～1939年为高岛一雄，1939～1941年为立河才三，1941～1945年为若松侑次，定员：1100人。 曾在大连、海拉尔、克山、佳木斯、牡丹江设立支队。	原为关东军军马防疫厂 1937年改为满洲第100部队，对外称关东军兽疫预防部队。专门从事对牲畜和农作物的细菌战。 直属关东军总司令部领导，属于皇军。

续表

华北（北平）北支甲第1855部队，部队长：黑江、菊池、西村荧二，定员：1500人。 曾在济南、天津、塘沽、石门、太原、运城、青岛、张家口、太原、郑州、开封、新乡、郾城13个城市设有支队。	建立于1939年，对外称西村部队或第151医院。 本部设在天坛神乐署大殿，细菌生产设在天坛原中央防疫处生物制品所。防疫给水课设于原北平协和医学院。细菌武器研究课设在文津街三号原静生生物研究所。直属于日军陆军参谋本部第9所（登户研究所），为一密谋暗杀部队。
华中（南京）荣字第1644部队，部队长：1938～1942年为石井四郎，1942～1945年先后为太田澄、增田知贞、佐藤俊二、山崎新直等人，定员：1500人。 曾在华中12个城市设有支队。	建立于1939年，对外称登字第1644部队或多摩部队。 本部设在南京原我陆军总医院。细菌武器研究室设在原中央卫生实验院。细菌生产工厂设在九华山原兵营靶场。直属于日军陆军总参谋本部第9所（登户研究所），为一密谋暗杀部队。
华南（广州）波字第8604部队，部队长：先后有田中严、佐佐木高行、佐藤俊二、龟泽鹿郎等人，定员：1200人。 曾在华南12个大城市设有支队。	建立于1939年，设在广州中山二路原中山大学医学院及其附属医院。直属于日军陆军总参谋本部第9所（登户研究所），为一密谋暗杀部队。

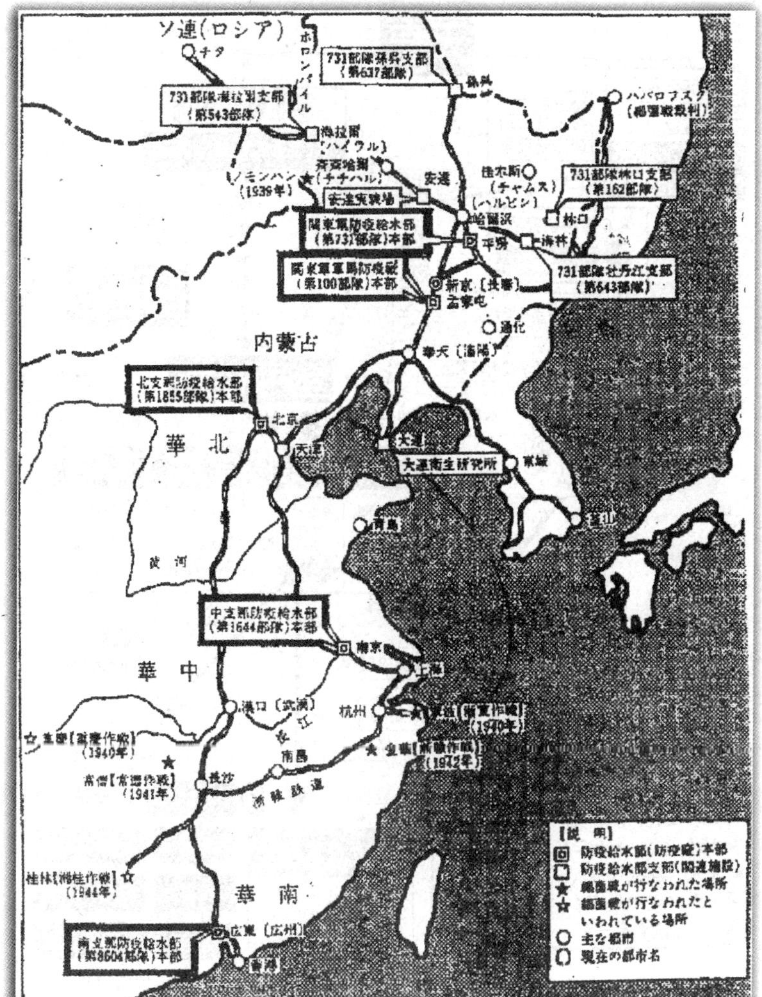

▲侵华日军五大细菌战部队分布图

注：取自木下健崴著《消灭了的秘密战研究所》一书，信浓每日新闻出版社

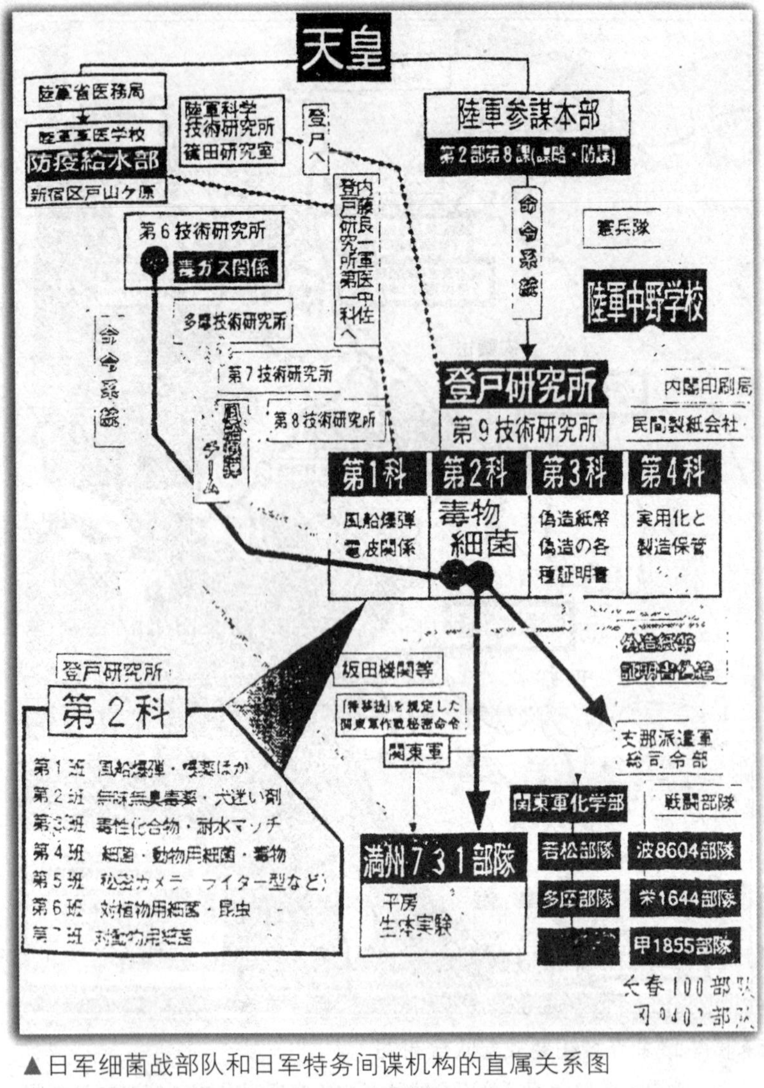

▲日军细菌战部队和日军特务间谍机构的直属关系图

注：摘自登户研究所第731部队展报告

关东军第731防疫给水
—细菌战部队

◎ 第731部队的来龙去脉

石井四郎于1930年出国考察归来后，就在东京陆军军医学校内成立了细菌战研究室，并研究解决了细菌战中两个重要的问题：一是用于自身防护的战地饮水消毒过滤器；二是研制出大量生产细菌的石井式的细菌培养箱并生产出细菌战剂。这两个问题的解决，使细菌战成为九一八侵华战争主要的依靠力量。

九一八事变发生后，当时我国政府采取了不抵抗政策，丧失了整个东北三省，而此间抗日联军仍在抵抗，日军对他们曾使用过细菌武器。据美国解密档案记载，在实际的战场上，日本先用几个营的兵力打退了在东北的抗日联军，并在侵占的地面上播撒细菌战剂后立即退出，还派奸细观察这些地区中国人受感染的情况。从此石井有了更大的信心，决心进一步扩大研制规模。

1931年日军侵占我国东北后，于1932年成立了伪满洲国。石井四郎为了扩大其研制规模，要求其研究室从日本迁往我国东北，提出了以下的理由：

▲日本陆军军医学校防疫研究室的培养基，用来生产伤寒、鼠疫、霍乱等细菌。

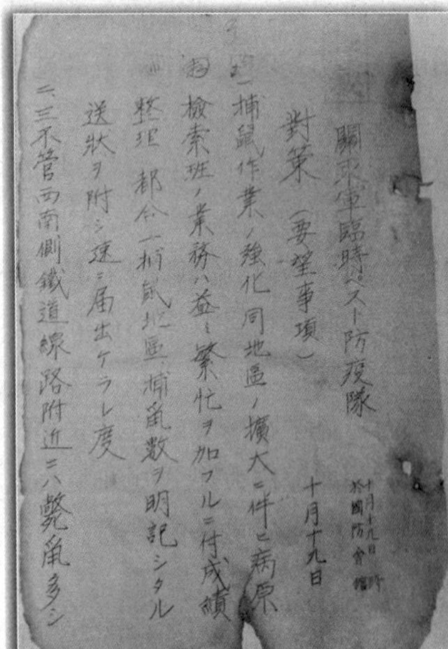

關東軍臨時ペスト防疫隊

對策（要望事項）

十月十九日

捕鼠作業ノ強化同地區ノ擴大ニ伴ヒ病原

檢索班ノ業務ハ益ミ繁忙ヲ加フルニ付成績

整理都合上捕鼠地區捕鼠數ヲ明記シタル

送狀ヲ附シ速ニ届出ケラレ度

二、三不管西南側鐵道線路附近ニハ鼷鼠多シ

▲1940 年关东军临时鼠疫防疫队对策主要事项

中国东北地广人稀，易于隐蔽；一旦发生失误，泄露出烈性致病菌，不致危害日本人；接近苏联，易于供应战剂；扩大生产和研究，以参与下一步的全面侵华战争；容易找到中国人作人体试验，以观察细菌武器的效果。

日本陆军部当即批准了石井的要求，并选择了离哈尔滨 70 公里的五常县背荫河地区建立起细菌战部队。

石井四郎在背荫河期间共计 6 年（1933 年至 1939 年），作了大量人体试验，验证了细菌武器的有效性；研制了大量细菌战剂，装备了部队；参与了 1937 年七七事变后对华进行的全面进攻。石井说："现代化的武器，唯一的就是细菌武器。日本对细菌战是有把握的……其效果已在活人实验中证实过了。"又说："1938 年 7 月曾在 18 个师团里建立了细菌战的组织，活动于各个战场，又补设了若干个机动性部队。"1939 年又参加了日苏的诺门坎战争。

1933 年，关东军副参谋长远藤三郎在背荫河视察时，看到了那里进行活人试验的情况。他在日记中这样写道："被试验者一个一个严密地关在棚栏里，把各种病原注射到活人体内，观察其病情的变化。"关东军总司令冈村宁次参观这里后说："因使用了活人代替旱獭动物，当然会取得良好的效果。"以上记载证实，当时石井已进行了人体试验，用的细菌是鼠疫菌，冈村宁次所指的旱獭正是传播鼠疫的唯一动物。

石井四郎在背荫河工作时，由于用活人作试验和活体解剖验证其细菌武器的有效性，多次获得了上级嘉奖。但由于房屋不适合烈性细菌的操作，发生过自我感染死了不少人。又因地址选择的失误，这里正是抗日联军活动的中心，发生了越狱失密和爆炸引起火灾等事件。日本天皇于 1936 年下达敕令，同

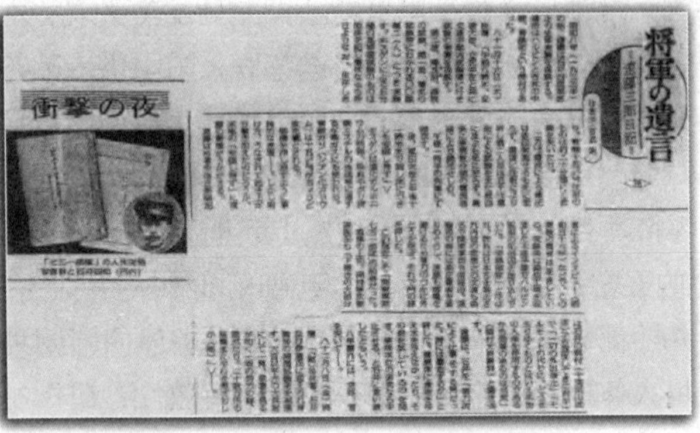
将軍の遺言

衝撃の夜

▲关东军副参谋长远藤三郎关于视察背荫河试验场的记录

意将细菌部队搬迁至哈尔滨东南郊平房，并给予扩建，同时又敕令在长春建立一所对牲畜和农作物进行细菌战的部队，即第100部队。

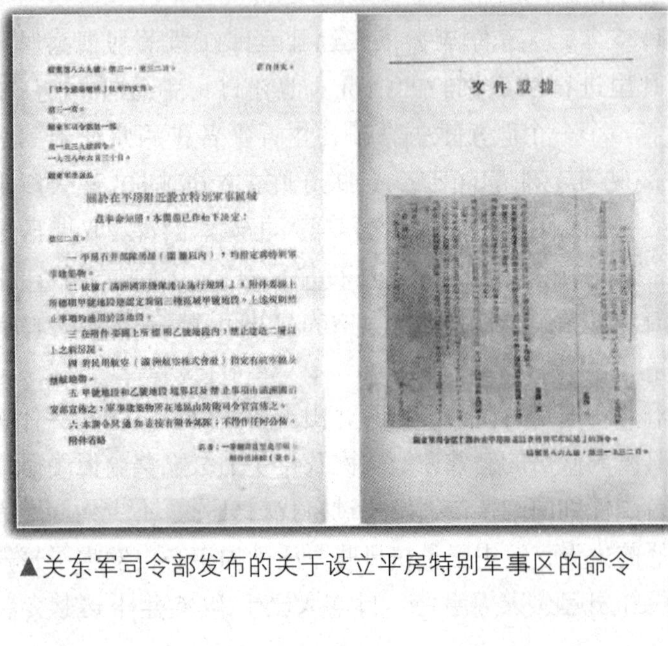
文件證據

關於在平房附近設立特別軍事區域

▲关东军司令部发布的关于设立平房特别军事区的命令

遵照天皇敕令，在哈尔滨南郊的平房新建的细菌战基地于 1936 年动工，1939 年完工，1940 年正式迁入并开始工作。

关于日本天皇裕仁敕令兴建第 731 部队和第 100 部队的事实，在 1949 进行的前苏联伯力城军事法庭审判中，曾有过三次明确的记载：

关东军司令部作战部部长松村知胜，于 1949 年 12 月 7 日在伯力军事法庭受审时说："我只记得第 731 部队是在 1936 年间遵照日本天皇敕令成立的。"

第 731 部队生产部长川岛清少将，于 1949 年 10 月 21 日在受审时说："第 731 部队是 1936 年遵照日本天皇裕仁密令成立的。当时我任第 731 部队总务部长，我在档案中亲眼见过这道敕令。日本天皇还责成把部队移到哈尔滨城南约 30 公里处的平房地区，1940 年天皇又敕令把该部队人员扩充到 3000 人并另设 4 个支队。"

据关东军医务处长梶塚隆二于 1949 年 10 月 23 日在伯力军事法庭受审时说："第 731 部队是奉日本天皇裕仁 1936 年敕令建立的。我个人读过这敕令以及关于该部队人员表的附件，读后我就盖上私人图章，以示签署。"第 731 部队为此在海拉尔城、孙吴城、海林及林口，建立了第 731 部队的 4 个支队，密令上规定了各支队成立的期限及其驻扎地点。从密令附件上经陆相东条签署的各支队人员中可以看出，每一支队定员额达 300 人。

由于细菌战部队系由天皇敕令建立的，因此它拥有极大的规模和权利。

从背荫河迁至哈尔滨南部平房，建立了世界上最大规模和当时最现代化的细菌战基地。第 731 部队对外改称关东军防疫给水部队。

给予充裕的经费。为了保密，将第 731 部队的建立和日常经费列入关东军非常军事预算内，可不受限制，又使人们无从知晓其活动内容。

备有最先进的设施。由于经费充裕和不受限制，堪称达到挥金如土的程度，全部建筑设施规模庞大，达到了“超时代性”的水平。

在细菌武器研制中可以随意使用活人作试验和活体解剖作观察，这是人世间其他任何地方都不敢做也做不到的。这就是自称为“超时代的研究”，将日本医学推进了一个世纪。这就是第 731 部队的绝密，因此绝不让受试者一人生还。

由于以上诸多优越条件，吸引了日本国内的众多“科学家”来此工作，争作人体试验。成千上万的中华优秀儿女死于最痛苦的活杀解剖。这就是震惊世界的“恶魔的盛宴”。

第 731 部队机构庞大且极具保密性。原在背荫河的石井细菌战部队，对外称加茂部队，迁到哈尔滨平房镇后改名为东乡部队，秘密番号为满洲第 659 部队。1941 年法西斯德国进犯苏联时，启用满洲第 731 部队的番号。1945 年 5 月，苏联攻克柏林，法西斯德国战败投降时，又将它改称满洲 25202 部队。

第 731 部队部队长，1933 年至 1942 年 7 月为石井四郎中将，1942 年 8 月至 1945 年 2 月为北野政次少将，1945 年 3 月至 8 月又由石井四郎中将重任。第 731 部队名义上是编在关东军序列，而实质上是日本参谋本部直接领导的特种部队。因此，它的人员配备非同一般，比其他部队高出一等，它有 1 名中将和 4 名少将级军官，80 余名校级军官，判任官和技师达 300 余名，全员为 3000 余人。

对于第 731 部队所在的这块罪恶又神秘的地方，人们都希

▲第731部队高级军官合影（1943年）

望能亲自看一眼，可惜的是主要的建筑物已炸毁，目前连废墟也见不到了，我们只能从当事人的描述和空中摄影中所见来讲述。

（1）原当事人的描述。①

……在这一片旷野里，并排地修建起许多现代化的高楼大厦。矗立在中央的那座四方形满镶着瓷砖的大楼，是一座一路上不论在大阪、新京和哈尔滨从未见过的那样的楼房。……在它的外边，还有一道架设着铁丝网的高墙将其和外界严格地隔离。在中央大楼的东边有三个耸入云霄的大烟囱，它的高大在全满洲居第一。

部队周围5公里以内，禁止一般人进入，10公里以内，如果没有关东军司令部的身份证明书就不准停留。特别是在围着中央大楼的围墙里，即使本部队队员，也不准随便出入，只有一个唯一的门道口处，还有二十几个宪兵把守着，甚至连一个蚂蚁也休想偷越进去。营里边虽住着40多个满洲劳工，但他

① 摘自原第731部队少年队队员化名为秋山浩写的《特殊部队七三一》一书。

们都是终身没有生还希望的人。

（2）从航空照片上的观察。

我们从航空摄影中看到两个引人注目的地方，就是两个四方形的建筑，前面的一个叫口字楼，实际上不如说是田字楼，在它的前面有两排两层楼的房屋是办公大楼。办公大楼的前面就是部队的正门和门卫室。（目前这些房屋还存在，已作为职业学校使用，田字楼已不复存在。）

▲石井部队哈尔滨原址航拍图

从另一张田字楼的特写照片中看出，田字中的十字处，十字上的横道左右侧是两幢二层楼的监狱，也就是专用于作人体试验的地方，可以容纳400 名受试者。用“田”字形的结构，是为了隐蔽这一最绝密的地方。田字楼的四周为各种烈性细菌的研究室和细菌战剂生产车间。田字楼后方的两排房屋是传染性最强的鼠疫菌和病毒的研究室。

▲第 731 部队特设的监狱旧址

田字楼的地下层，设有人体试验的活体解剖室，由地下道直通焚尸炉。

从照片上看到的另一个正方形口字楼，原为生产疫苗用的工厂，自从疫苗的生产任务划归大连支队后，此处便改为细菌培养基的制作及器械的洗涤和消毒之用。其他零散房屋有动物饲养室、昆虫饲养室、毒气实验室、冷冻实验室、炸弹装配和储存、玻璃器材制造室和试验动物的地下饲养室，以及航空气象楼等。建筑群的东侧设有专用铁路线和锅炉房、发电厂，墙外有飞机场，有自备飞机 11 架。日军部队还在城子沟、安达、陶赖昭建立了三个人体靶场。

第 731 部队的业务内容是：对各种细菌武器的研制；通过人体试验，验证细菌武器的有效性能，观察各种杀人手段的效能，进行医学、药理学、毒物、外科手术、生物学和解剖学等研究。如 1939 对苏联进行的诺门坎细菌战，1940 年对浙东地区进行的细菌战，1941 年对湖南常德地区的细菌战，1942 年对浙赣铁路线进行的细菌战等。

▲1940 年 11 月参加吉林农安县鼠疫“防疫”活动的关东军鼠疫防疫队集合

◎ 第 731 部队的人体试验和活人解剖

人体试验和活人解剖是侵华日军细菌战部队三大罪状之一，也是石井四郎的最大罪状，成为世界上从未有过的“创举”。

石井四郎的人体试验和活人解剖是“以人当作动物来作试验”，并且是在不用麻药下的直接解剖，其残忍的程度堪称世界之最。

石井的目的是使他的细菌武器早日用于战场。不经过动物作试验而直接用人作试验，他叫作“走捷径”。他认为直接用人作细菌武器的试验，比较真实可靠，一旦有效即可直接用于战场，可以大大缩短研制的时间。

早在1933年石井在我国东北背荫河建立细菌战部队时就开始了人体试验，进展迅速，受到上级的嘉奖。此后为加速这一工作的进展，在哈尔滨东南郊的平房镇，建立了大规模的人体试验研究基地，仅于1940年至1945年间就杀害了数千人，并吸引了众多的日本“科学家”到此工作。开始时是以研究细菌武器为主，以后又扩大进行各种杀人手段的研究，最后又扩大到各种医学的研究。

人体试验是由关东军司令梅津批准的，后又经关东军总司令山田乙三批准。

1. 接受人体实验的对象

日军心狠手毒，惨无人道，对接受人体实验的对象都有明确的规定。主要有以下几方面的人士：

在严刑拷打面前坚贞不屈，忠于祖国，决不做叛徒的人；

一字不露，坚决拒绝提供任何情报的人；

有抗日信念的人；

参加抗日的苏联人和朝鲜人；

怀有爱国心和有民族气节的抗日游击队员和工人、农民、学生等；

八路军军人、国民党官兵，参与抗日活动的知识分子；

国际谍报人员或与之有联系的人（指共产国际人员）。

在预审后，不经庭审，不交法庭，就直接由宪兵队作“特殊运输”送到第731部队，多数是在夜间进行。

从以上对受试验者的规定中，我们可以清楚地看到，凡是我国抗击日本帝国主义的中坚力量，爱国志士，忠于祖国的优秀儿女和与之有关的国际友好人士，都被日军作为试验的对象，残酷地折磨死了。

▲侵华日军第 731 部队成员小林技手将抓获的中国妇女强奸致其怀孕，而后将孕妇同腹中胎儿一道活活解剖。

2. 研制细菌武器的人体试验

日军为了研制杀伤力强的细菌武器，不惜拿人作试验，不但有中国人，也有外国人，简直不把人当作人对待，而只是当作会说话的动物。更恶毒的是，日军还用飞机投下细菌弹来观察其杀伤效力，这样，就有数以千万计的人为此付出了沉痛的代价。具体说来，日军研制细菌武器，用人体作试验有以下几种情况：

为筛选出杀伤力强的毒菌株，而将毒菌分别注射入人体进行观察；

致病菌在人体连续传代时可以增强其毒性和传染力；

用人进行疫苗的效果试验；

测验不同国家和不同种族的人对其细菌战剂的感染性；

测验患病者与健康者同居时传染的可能性；

如果发现某一受试者对其细菌战剂有抵抗力，就将其血液全部抽出以制造治疗用的抗血清；

观察人感染其细菌战剂最佳的途径和剂量；

在人体试验其新的毒菌（如出血热病毒）；

观察用飞机投下的细菌弹的杀伤效能；

观察在炸伤后，炸弹壳片上的破伤风芽孢菌和气性坏疽芽孢菌侵入伤口的致病情况；

▲石井四郎发明的陶瓷炸弹，内装可散布鼠疫的跳蚤

观察跳蚤（装在特制的容器中）从飞机上投下对人的侵袭情况。

3. 各种杀人手段的人体试验

日军在对人体进行试验时，除了对各种各样的人进行试验外，还采取了多种多样的杀人手法，令人目不忍睹，概括起来有：研究打死人的最佳点位，吊死人，绞死人，倒吊人，用烟熏死人，火焰烧死人，触电。

以上日军的杀人手段残忍，使人发指。惨无人道的日军为了达到杀害无数善良无辜的中国人的罪恶目的，可以说是无所不用其极，伤害天理，天良丧尽。是可忍，孰不可忍！

4. 进行医学研究的人体试验

人体试验是国际公法规定所不允许的。二战期间，德国医生进行人体试验者，一律处于死刑。而据美国人的统计，有20万人被侵华的日本医生当作动物作了试验。

据查证，日本医生在我国进行的人体医学试验，多达数十种：

人在不同真空下的情况；

人在不同气压下的情况；

人能耐受饥饿的时间；

人只食干粮不饮水的可活时间；

人只喝水不吃干粮的可活时间；

人吹热风干燥后所剩下的体重；

血液代用品的观察；

冻伤研究；

水烫伤研究；

用正常人作各种常用外科开刀手术的练习；

用正常人作高难度外科手术的练习；

人工受孕；

梅毒的传染与治疗；

X线的超剂量照射；

开颅研究脑各部位的功能；

研究各种新药的用药剂量和中毒；

新的传染病作人体的观察；

脏器移植；

接肢手术的试验；

狂犬病的感染与观察；

麻醉药品的试用；

各种毒药的剂量观察；

枪弹对人体的穿透力；

毒物对人的杀伤效果；

毒气对人的杀伤效果。

5. 活生生的证词

有关日军第731部队人体试验的一些详细情节，还是让我们听一听健在的当事人的回忆及证言吧。他们以自己的亲身经历来揭露第731部队的血腥暴行。他们当中有的是出于悔罪的心情，打破了多年的沉默，主动站出来说话，以证明事实的真相；有的是被记者采访而道出真情的。那么，现在就让我们看看来自美国和日本的有关报道。

（1）第731部队前成员田村良雄随日本律师诉讼团走向世界争取公道，1998年7月在美国和加拿大时的发言。

发言共七部分。

第一部分，前言

我作为关东军防疫给水部也就是第731部队的队员，在中国黑龙江省哈尔滨市的平房参加了细菌武器的制造。作为第731部队的队员，我还参加了多次细菌战。作为第731部队的队员，我杀害、伤害了许多中国人。

战后，我被拘留在新中国的抚顺战犯管理所，释放后返回日本。

在中国作为战犯被拘留的日本战犯们，返回日本后组建了中国归还者联络会。我是会员之一，在这个组织里，终身为反省日本的侵略战争，叙述历史的真实面目工作着。

第二部分，志愿参加第731部队

1939年，我16岁的时候，志愿参加了当时被称为石井部队的日本第731部队。石井部队的队长石井四郎出生于千叶县，由于地缘和血缘的关系，千叶县许多人参加了他的部队。

5月12日，我们作为第731部队的少年兵，来到中国东北部的当时满洲国傀儡政权统治下的哈尔滨。在哈尔滨，我们又作为第731部队的少年兵接受了“新人教育”。

第三部分，参与诺门坎事件

我们这批少年兵到达哈尔滨的时候，正是诺门坎事件也就是日本军向苏联军队发起军事进攻开始的时候。7月底，这支部队开始大量生产细菌，我们这些少年兵也被动员参加细菌的生产。当时，各个研究室被指定制作具体的菌源。比如说，江岛班负责制作赤痢菌，田部井班负责制作伤寒菌，濑户川班负责制作霍乱菌。我自己负责帮助从事培养菌源的工作和准备捞取细菌工具的工作。另外，我还从事了运输一种被称为“斯塔姆”菌源的工作。

▲石井四郎在诺门坎战场指挥进行细菌战

在诺门坎，我参加了一次战斗。我从哈尔滨乘夜车到海拉尔，列车运载着装有细菌的箱子，我们的任务就是看守这些箱子。少年兵中的另外两个人也参加了细菌战的作战部队。他们告诉我，这些细菌放在了哈鲁哈河上游的赫鲁斯特茵河中（河名均为音译——编者注）。

第四部分，从事跳蚤增殖工作

从1940年5月开始，我们这些少年兵被动员参加跳蚤的增殖工作。这项工作在一座被称为“口号栋”的楼房的三楼暗室内进行。在这个暗室里，排列着许多和石油罐大小一样的罐子。罐子中装有小麦，还有被放在小笼子里面的老鼠。暗室的湿度超过了70%，温度也超过40℃。在暗室里工作的人，赤裸着身体穿着白大褂，但也只能在那臭气难忍和高热难挨的房间中呆上30或者40分钟。我们的工作主要是确认罐中的老鼠是否死了，如果老鼠死在罐中了，就要把它拿出来，然后放进活的老鼠。

进入那年秋季，我们又在同一间暗室进行把跳蚤从稻壳中分离出来的工作。在一个可以让大人尽情洗澡的陶瓷器的浴槽内，把老鼠拿走后，放入稻谷和跳蚤。浴槽的底端部分有一个洞，洞的下面放有玻璃制的容器。在浴槽的侧端打开红色的电灯后，喜欢黑暗的跳蚤就会逃跑。这些感染了鼠疫的跳蚤，逃到容器中后变成了一种团子的形状。

从那年7月开始，第731部队中的远征部队向中国的华中地区进发了。列车运载着这些队员和各种器材来到南京，感染了鼠疫菌的跳蚤则被第731部队的飞行班用飞机运到南京。

第五部分，大量生产细菌

进入1941年，在7月举行了关东军特别演习。第731部队的少年队被解散，队员们被分配到有关的部门。我自己被分配到第731部队第四部第一课的柄泽班。这个班的主要任务是大量生产细菌。这次生产细菌是在“口号栋”一层进行的。在大量生产细菌的时候，使用了石井式培养罐。所谓石井式培养罐，就是一种轻金属的罐子。大量生产的细菌，都是在这种石井式培养罐中产生的。

我们在培养罐中注入洋粉培地，然后用高压灭菌，接下来放入冷却槽中，用水来冷却，使洋粉培地凝固化。这以后，把培养罐送到无菌室中，然后把洋粉培地拿出来，再在上面涂上有菌源的菌液。接下来就是把培养罐送到孵卵室了。

在生产细菌的时候，我们是两个人一组，一个用搅拌棒把细菌从瓶子中取出来，另一个人再用搅拌棒把这些细菌送到另外一个空瓶中。第731部队用石井式培养罐生产的细菌在中国上空投放，让中国人感染上疫病，目的是大量屠杀中国人，这些连我们下级士兵也知道。

第六部分，进行人体解剖和实验

我所在的柄泽班也在进行细菌毒力实验的名义下，作过人体试验和活体解剖。

从1942年11月底开始，我使用鼠菌进行过人体试验和活体解剖。进行人体试验的场所是“口号栋”中的7栋和8栋。这些建筑物是日本宪兵和特务机关监禁中国爱国者的地方，也是用残酷的人体试验方法杀害他们的地方。

我们进行人体试验和活体解剖的目的是要确认自己制作的细菌究竟具有什么样的杀伤力，还要确认菌苗对细菌有什么样的影响。

直到今天，我都记得自己最初参加解剖一个活活的中国男人的事情。在解剖这个男人的时候，我知道自己以前曾经给他作过采血的试验。这个男人是一个头脑清晰、具有知识分子风度的人。

我看到那个人瞪着我，只好把眼光转向别的地方。感染了鼠菌的这个男性，脸色和身体完全变黑了。在他还有一口气的时候，特别班的人员把他赤裸的身体放在担架上，然后送到我们所在的解剖间。这个男人被放在了解剖台上，班长命令我给他洗身体，我用橡皮管中流出来的水清洗他的身体，再用甲板刷子刷洗他的身体。因为这是第一次从事解剖，我的手脚都哆嗦起来。现在我还记得当我要用甲板刷子刷洗他的脸部时，我是非常犹豫的。拿着解剖刀的班副将校向我发出“快点干”的信号，我就闭着眼睛用甲板刷子刷洗了这个男人的脸部。当班里的人员用听诊器在这个男人的胸部还能够听到他心脏的跳动的时候，解剖就开始了。

我按照命令把这个男人活活地解剖开，取出他的脏器，把事先准备好的洋粉培地涂抹上去。

这样不到两个月的时间，我对5个中国人进行了活体解剖。也就是把他们杀害了。当我活活解剖了3个中国人后，班长对我说：“你终于成为一个有用的人了。”这种活体解剖同时在几个班进行。到了晚上，在宿舍的澡堂内，我们常常可以听到“你的地方今天放倒了几个”“我的地方今天放倒了两个”这样的话语。这里所说的“几个”指的是被监禁在7栋和8栋的“马鲁他”（意为“圆木头”，暗指活人）。因为解剖而被杀死的人的尸体，由特别班在烧却炉进行火化，要求不留下一点骨灰。

第七部分，叙述历史的真实

由于上级官员的命令，我愚蠢地没有迟疑地犯下了极端丑恶的罪行。作为战争犯罪的实行者，我是当然有责任的。1952年，由于我曾经是原第731部队的队员，被新中国政府逮捕了。此后 5 年间，我作为战犯被拘禁在抚顺战犯管理所。在拘禁期间，我对自己作为第 731 部队的队员而犯下的对中国人民残虐的行为有了深刻的反省，我准备作为战犯被判刑。

但是，中国战犯所的管理人员对一开始就具有反抗意图的我们这些日本人，发扬了“憎恨罪行而不憎恨人”的精神，给了我们充满温情的待遇。他们允许我们参加文化体育活动，允许我们大量地读书，给了我们学习的机会。

正是因为有了这样充分的反省时间，在接受温暖教育的时候，我们把从小学时候就接受了的把侵略战争正常化、美化的理由都看清了。我们看到了历史的真实，胸中充满了惭愧之感，知道自己犯下的是人类所不能够容忍的行为。

1956 年 7 月，中国政府基于宽大的政策，对我们免予起诉，在赠送礼物以后让我们返回了日本。对我来说，战犯管理所是一个让我从鬼返回人的再生之地。

战败以后，日本政府对以第 731 部队为首的细菌战部队的事情，对它的组织形态、制造细菌，从事人体试验、进行细菌战等等活动，都采取了隐瞒的做法。直到现在，日本政府还是这样的姿态，日本对侵略战争没有进行真正的反省，从这件事上也可以看出来。我认为，自己到死都负有向世界介绍第 731 部队战争犯罪事实的责任。正是因为有了这样的心情，我才愿意叙述历史的真实，参加了到美国和加拿大的第 731 部队展。

（2）美国《纽约时报》1995 年 3 月 17 日发表的题为《日本应该面对残酷的战争暴行》的文章。

一位现年 72 岁的老农场主，在第二次世界大战期间是驻华日军中的一名助理医。他回忆道：“那小子知道自己末日临头，所以他在被带到房子里，绑在床上的过程中不作任何反抗。但当我拿起解剖刀时，他开始尖叫起来。”他继续说道：“我把他从胸口到腹部切开时，他发出令人毛骨悚然的尖叫声，他的脸皮因痛苦而完全扭曲了。他发出的声音，你是想象不出来，那种尖叫非常恐怖，但不久他就无声无息了。对当时的军医来说，这就是他们每天工作的全部内容。但那种情景确实给我留下了难以磨灭的印象，因为那是我的第一次。”

最后，这位坚持不透露姓名的老人向我解释了日军做活体解剖的原因。当时作为一项研究计划的一部分，日军故意使中国犯人染上鼠疫，以研制用于第二次世界大战的鼠疫炸弹。在犯人感染上鼠疫后，研究人员就用这名犯人做活体解剖，以观察致病菌对人体内部的影响，并出于对研究结果准确性的考虑，医生在全部解剖过程中概不使用麻药。

日本细菌武器的研究计划是二战中和二战后最大的军事秘密之一：一项庞大的研制细菌武器的计划，其中有鼠疫、炭疽、霍乱和其他十几种致命武器。日本皇军第731部队负责这项研究计划，他们通过人体试验和向中国城市投放鼠疫菌炸弹的“战地试验”，观察研制的细菌能否引起鼠疫的流行。结果证明细菌有这种能力。

二战结束半个世纪后的今天，关于该计划点点滴滴的消息越来越多。大量的书籍、资料和展出都在向人们揭露日本的过去，引起人们对日本一些著名医生在战争期间所犯暴行的注意。曾在第731部队服役的军人说，至少有3000人被作人体试验，但据另一些资料说实际人数比这多几倍——在医学试验中被杀害被当作试验品的人无一生还。没有人知道多少人死于“战地试验”。越来越被证实的说法是，负责该项计划的日本军官希望用细菌武器对付美国。他们曾建议用气球把病毒传播到美国，而且他们在1945年夏天还曾计划让日本“神风突击队”队员把带有鼠疫菌的跳蚤投放到美国。该研究项目在二战结束后一直是个秘密，部分原因是美国军队为换取日本的研究材料而决定不再追究那些参与该项目研究的医生们的杀人罪行。日本和美国一些文件表明，美国曾帮助日本掩盖其搞人体试验的内幕。美国非但没有把负责试验的罪魁祸首押上法庭，反而给他们发放津贴。

虽然时间已过去很久，但人们在读到有关日本搞细菌试验的文章时仍不免感到心头发紧。例如，一位俄罗斯母亲和她的女儿被关在一间毒气室里，医生则透过厚厚的玻璃观察她们，计算她们抽搐的时间。他们看到那位母亲把女儿掩在身下，徒劳地想把她的孩子从毒气中解救出来。

医学研究人员把患病犯人同健康犯人关在一起，以观察疾病传播的速度。此外他们还把一些犯人关在高压舱内，观察人体在眼球从眼眶中突出来前能承受多大压力。

受害者经常被带到一个称作“安达”的试验场，在那里他们被绑在木桩上成为新武器的试验品。日本部队还把鼠疫菌或感染鼠疫的跳蚤投放到那片地区，以观察多少人能被杀死。

为取得这些科学突破，日本人所做的医学试验是残忍的。他们把抓来的中国人或俄罗斯人放到冰天雪地里，并不时在他们裸露的上肢上浇冷水，直到看守认为他们的上肢已冻伤。一位日本军官的证词说：“检验是否已被冻伤的方法是拿一根小木棍敲打他们已冻僵的上肢，如果能听到像类似敲打木头的声音，就说明他们已被冻伤。”

据至今仍在东京一家诊所工作的现年 78 岁的汤浅回忆，第 731 部队以外的日军作人体试验也是常事。

两名赤身裸体的中国人被带进来，然后医生仅给予他们注

▲侵华日军第731部队队员进行野外冻伤试验

射了普通麻醉剂，汤浅和其他人开始在他们身上做各种各样的外科手术。先是切除阑尾，然后是截肢，最后做气管造口术。他们用90分钟做完这些手术后，就向试验者身上注射一针，使他们停止呼吸。

汤浅说，当时他被分配负责一个诊所，他经常要求当地警方送一名共产党员供他们做解剖试验。活体解剖大多是让新手实习手术操作，而不是为了研究。汤浅说，对二战期间在中国战场服役的日本军医来说，做活体解剖简直就是家常便饭。

（3）来自日本的报道。

1954年，有6名第731部队的成员打破了多年的沉默，以亲身经历，揭露了第731部队的血腥暴行。他们的证词已经出版，该书的名字为《第731部队真相——来自第一手的证词》。它以回忆录形式写成，6名证人将第731部队的罪行公布于众。专家认为，这次揭露最深刻、最全面因而也最有说服力。因为作者亲自参与了细菌战的研究，甚至亲手解剖过活人，在他们身上做各种各样的细菌试验。一名不愿透露姓名的证人在书中说：一次在解剖一名活着的战俘时，他故意把一把手术刀缝进了战俘的胸腔里，最后这名战俘死在了狱室里。这个证人回忆说：第731部队解剖活人时往往是不打麻醉药的。“被解剖的人会发出撕心裂肺的可怕尖叫，接着很快就悄无声息了。”另一名71岁的证人说，他亲眼目睹第731部队在当地的井里和其他饮用水里投各种毒药和细菌，老百姓喝后相继发症，症状不一，有呕吐不止，直至死亡的；有双目失明的；有全身抽搐、发汗虚脱的；有神志不清胡话不停的……第731部队根据这些症状研制出了新的细菌武器，准备用来对付敌军。6名证人还首次披露，第731部队对日本成功空袭珍珠港起到了不可低估的作用，因为参加空袭的敢死队成员在出征前都喝了第731部队研制的被掺在米酒里的兴奋剂。喝了兴奋剂的人都会变得兴奋异常，无所畏惧，会义无返顾地参加自杀性行动。参加过第731部队的幸存者已经不多，6名证人在耄耋之年站出来揭露事情的真相，引起了多方关注。

6. 其他有关证明

森村诚一先生通过大量的实地采访和考证，著有《魔鬼的盛宴》一书，其中披露了一些有关日军进行人体实验的内容。

（1）为了测验不同子弹的穿透力而作的人体试验。

他们把运来的“受试者”蒙上眼睛，分成几个组，一个挨一个，每10个人紧紧排成一个纵队。一组都穿上厚厚的棉衣，另一组则穿上普通的军服，有的则全部裸体。

第731部队把这些前后紧贴在一起排成纵队的“受试者”作为“串刺用的实验材料”使用。

在每组“受试者”前面，是做出立射姿势的、手持荷弹三八式步枪的人员。他们从近距离瞄准最前面的“受试者”。

“射击!”三八式步枪开了火，一颗子弹使“受试者”们的身体一个个跳了一下之后像大虾似地倒下去。

“穿透五人……我们穿透四人……我们穿透三人……”

拿着记录用纸的人员不断地把三八式步枪在××米近距离射击时对棉衣、普通军服和裸体的穿透性能记录下来。这种实验曾进行过多次。

（2）为了测试火焰喷射器的杀伤能力而作的人体试验。

在安达特设实验场，不仅进行细菌武器和杀人实验，还进行一般武器的实验，即以“受试者”为材料的杀伤性能实验。

1943年夏季的一天，安达特设实验场里放上了十几辆即将报废的旧坦克和装甲车。

“受试者”被领着缓慢地走到坦克和装甲车前时，被强制地推进了车辆里。周围由用轻机关枪和步枪武装起来的特别班人员包围着，反抗和逃跑都是不可能的。

每辆坦克进两个人，每辆装甲车进一个人，被剥夺了手脚自由的“受试者”从出入口被推了进去。“嘭”的一声盖上了盖。“受试者”在密封的车舱里弯曲着身子，满身流着汗。

当“受试者”们全部进入密封的车舱之后，从安达特设实验场的一角出现了一队关东军司令部派来的士兵，他们携有火焰喷射器，分别站在距坦克10米、20米、30米的地方，照相班也站在一旁待命。

士兵们成跪射姿势，并把火焰喷射器的喷嘴对准了坦克和装甲车。

接着，就出现了令人恐惧的一幕。士兵们手中紧握的喷嘴里喷出了白热的火焰，它包围了关有“受试者”的坦克和装甲车，1000度以上的焦热地狱笼罩了车辆，发出隆隆的响声，还发生了小声爆炸。

大约20秒，不，可能是10秒左右，火焰喷射器停止了喷射。

红黑色的浓烟中，可以看到烧化了车辆的种种情景。坦克炮炮身着了火，履带和装甲板由于高温而变了形，有的车辆已经倾斜下去。

一会儿开始对车辆内部进行检查。坦克和装甲车里的“受试者”已经烧焦，这就是“烤人”。照相班人员把每辆车的情景全部拍摄了下来。

（3）为了了解在高空飞行时人对真空的耐受能力所作的人体试验。

在真空试验室里，他们把“受试者”关进一间可以用抽气泵抽掉室内空气的真空室里，然后，慢慢地把室内的空气抽掉。

随着外部气压和内脏压力之间的差距逐步加大，内脏从“受试者”的眼球、口腔、肛门等所有人体的“洞穴”里被挤了出来。在真空实验室里，“受试者”的眼球突出起来，脸异常肿胀，成海滩球那么大。全身的血管像蚯蚓似地隆起，身体的各个部位像橡胶似地变长，最后肠子本身像一个生物似地蜿蜒地向外爬了出来。“实验开始7分钟之后……8分钟以后……9分钟以后，现在是××气压。”部队人员在实验室外观察着这种情况，并把所见情况用8毫米摄影机拍照下来……

（4）为了了解在寒区作战时人的耐受性作的人体试验。

这是些十分残酷而又令人讨厌的画，画的是“受试者”严重冻伤的手脚。

在严寒中，只要把冷水泡过的手脚一放在室外，就会发生冻伤。室外气温 -40℃，“受试者”的皮肤开始时由于贫血而发白，不一会儿由红变紫，发生水疱，再变成红黑色，直至完全冻伤时，变成乌黑色。皮肤和肌肉都僵硬起来，神经也完全陷于麻痹。

吉村（研究冻伤）班员为了检验“受试者”是否已完全冻伤，用木棍毒打“受试者”的手脚。打下去如果还有痛的感觉，那么，还就不是完全冻伤。

在极寒条件下，露在外面的皮肤和肌肉的血液循环陷于停止状态，不一会儿细胞组织也就变成坏死状态。当吉村班看到他们的四肢已坏死后，就把“受试者”带进屋内。

“吉村班实验的目的并非给‘受试者’进行治疗，而是为了搜集用什么方法才能准确地测定皮肤表面的温度、细胞变成坏死状态所需的时间以及整个过程等有关资料。……把‘受试者’的手脚泡在温水中，也是为了寻找治疗冻伤最适当的水温以及泡入温水中的时间幅度等。但是‘受试者’完全冻伤的四肢突然泡入热水之中，那部分的整个肌肉组织就会一下子全部脱落掉……露出白骨来，然后只能锯掉四肢，否则，‘受试者’是无法活命的。”一个原部队人员这样说道。

有一张画上，画着“受试者”的双手，从指关节到指法已经完全烂掉。

另一张画上，描绘的是“受试者”的两只脚，已没有踝骨以下部分。还有一张画上，从脚脖子到大腿都露出了白骨。

（5）为了了解人大脑各部分的功能而作的人体试验。

当时脑外科的研究刚刚开始，人类脑的内部构造的许多地方还不清楚。经过麻醉的“受试者”呈睡眠状态以后，从他的一侧的耳部向另一侧的耳部，从额部沿发际横切一刀。止血以后，从切开的地方伸入手指，向头顶方向用力撕下头皮，就像打开碗盖似地露出了头盖骨，再用事先准备好了的弓锯锯开。然后，利用特殊装置把已经露出来的脑部固定起来，在各种部位上插入各种电极加以刺激，观察“受试者”的反应。我所会见的这个原部队人员讲到这里，拒绝继续提供证词，他说“我不愿再讲下去”。

石井四郎队长（军医中将）认为解剖活体是一种具有吸引力的“实验”，并把它作为“诱饵”，吸引对此有兴趣的日本医学人员来此工作。

7. 有关细菌武器在靶场上的人体试验供词

第731部队生产部部长川岛清供称：

在安达站附近实验装有鼠疫菌跳蚤的“石井式”磁壳炸弹效能试验，是在1941年夏天进行的。用来进行实验的15个人，被绑到实验场上专用栽入地里的柱子上。为使飞机容易发现目标即易于找到打靶场起见，在打靶场上插有许多小旗并放起一簇乌烟。一架特备的飞机由平房站方向飞来，飞到打靶场上空时，投下了20来枚炸弹。这些炸弹离地面100米~200米高的空中全都爆炸，于是炸弹内的鼠疫跳蚤就落到了地面上。当时鼠疫跳蚤散满了整个打靶场。

掷下炸弹后又等候过相当长久的时间，让跳蚤能尽量散开而传染到受实验的一些人身上。随后对这些人施行过一种消毒手续，就用飞机把他们送到第731部队设在平房站的内部监狱去，在那里对他们加以监视，看他们是否染上了鼠疫。

第731部队林口支队长榊原秀夫笔供（1956年4月28日）：

石井说："在安达有实验演习，支队长如果愿意，可以参加。"我就参加了。该日午后1时，我和第一部（第一部是研究炭疽菌的）肥之藤少佐、海拉尔支部长加藤少佐、牡丹江支部长，还有一名技师，一同乘轻轰炸机到达了安达。

在安达早有第二部的演习员在第二部长碇大佐的指挥下进行着演习的准备。不久来了一架重轰炸机，从机上下来了4名中国爱国者和警备人员。这4位立即被绑在安达演习场有相隔25米~30米的埋在地里的柱子上。3点左右，石井四郎、第一部二木技师、总务部企划课长田部中佐，乘飞机来到了现场。3点半左右，一架轻轰炸机飞到演习场上空，从150米的高度投下了陶器炸弹，炸弹在距地面50米的空中爆炸。

我穿上了全套预防衣，从五六百米的距离观看了这种惨绝人寰的暴行。这个炸弹是填着可怕的炭疽菌的炸弹，让他们从鼻咽腔吸进绝对没有生存希望的肺炭疽，或因破片让他们发生皮肤炭疽，是一个特别残暴的行为。我也参加了这种罪恶活动。

将近4点的时候，我和其他支部长乘飞机回到了哈尔滨。这几位中国人在我们走的时候仍在那里绑着，听说消毒后，被放在第731部队的监狱里观察发病情况，杀害后又作了死后解剖。

第731部队第四部细菌生产班班长柄泽十三夫供称：

我两次到安达站打靶场那里，亲身参与过在野外条件下用活人来实验细菌的作用。第一次是在1943年末，当时有10个人被押到打靶场上来，他们被绑在事先就栽在土里彼此相隔5米的柱子上。然后就在距他们50米以外的地方，爆发了一颗开花弹。结果有几个受实验的人被弹片炸伤，立刻就受到了炭疽病的传染，因为这炸弹里面就装的是这种病菌。

第二次我到打靶场上去参加实验，是在 1944 年春季。当时解来了 10 个人，也和第一次一样，把他们都绑在柱子上，然后在距离受实验者约 10 米的地方，爆发了一颗装有鼠疫细菌的炸弹。

另一个在安达站附近打靶场上参加了此种罪恶实验的被告西俊英供称：

1945 年 1 月间，我曾在安达站附近第 731 部队打靶场上，亲自看过那里由该部队第二部部长碇常重中佐协同该部科学人员二木一起，在 10 个中国战俘身上进行坏疽病传染的实验。这 10 个被俘的中国人被绑在各距 10 米~20 米的柱子上，然后就借电流爆发了一颗炸弹。结果这 10 个人都被带有坏疽菌的榴霰弹所炸伤，一星期后他们全都痛苦万分地死去了。

惨死者的尸体就在第 731 部队监狱近旁特别装设的焚尸炉里被焚化了。

第 731 部队的训练部长西俊英供称：

1945 年 1 月，由我亲自参加对 10 个中国战俘进行过传染坏疽病的实验。实验目的是要查明在 −20℃的严寒天气下可否用坏疽病进行感染。

这次实验的手续如下：把 10 个中国战俘绑在柱子上，距装有坏疽菌的开花弹达 10 米~20 米远。为了不让这些人立刻被炸弹炸死，就把他们的头部和背部都用特种金属板和厚棉被掩盖着，双脚和臀部则露在外面。电门一开，炸弹爆炸了，带有坏疽菌的散片落到受实验者所在的小坪上。结果全体受实验者的脚上或臀部都受了伤，他们经过 7 天惨痛之后都死去了。

关东军长春第100牲畜及农作物细菌战部队

◎ 第100部队的建立、活动范围及组织结构

第100部队始建于1936年，是与第731部队同期建立的，它们名义上都隶属于关东军司令部，实际上由日本天皇的大本营和日军参谋本部直接指挥。第100部队由关东军司令部的兽医部指导，负责人是中将兽医部长高桥隆笃。伪满大陆科学院的兽医处（对外称马疫研究所）处长安达诚太郎中将、北野政次也对其负有指导责任。这支部队的前身是驻屯在长春宽城子的号称高桥部队的“关东军马匹防疫厂”。1938年迁至长春以南10公里的孟家屯（现为第一汽车制造厂的散热器厂）。经过扩建后，改用了“满洲第100部队”的秘密番号，对外称“关东军兽疫预防部”。

该部队的部队长初期是立河才三，迁至孟家屯后换为高岛，后来又由立河才三担任，最后由兽医军官若松次郎少将接任。

第100部队位于日军营群中央的一块孑然孤立的地方，营区面积东西宽1华里，南北长2华里。它的规模略小于第731部队，拥有日籍研究和工作人员800名，中国劳工大约300

▲关东军第 100 部队遗址

名。该部队研制细菌武器经费每年约 100 万日元以上。本部下设总务部和 4 个细菌生产研究部门。1940 年以后，在大连、海拉尔（后迁至克山）、佳木斯、拉古（位于牡丹江市附近）等地建立了所属的支队。苏德战争爆发不久，除在四平设立支队外，在关东军所属的部队里，都奉令设立了军团兽医部队，分驻克山、东安、鸡宁、东宁、四平等地，配合第 100 部队的细菌战活动。

这是一支以家畜和植物为主要研究对象的细菌部队，同时还研究畜类病菌对活人的杀伤力。以此为目的，他们配备了足够数量的细菌学、化学、生物学和兽医学专家学者，进行烈性病菌、毒药的研究和制造，并把牲畜、植物和活人当作“实验品”进行细菌的传染实验，以寻求用毒菌来大批杀害人、畜和农作物。

由于第 100 部队杀害的对象是牲畜和农作物，所以往往不为人知，直到日本战败，有3名第100部队的成员被俘，并被押上苏联伯力城军事法庭受审，人们才知有此部队。

◎ 第100部队——一座人间地狱

这里我们收集了四篇有关揭露第100部队的文章，通过它们可以了解到第100部队的更多的情况。

1. 辽宁省档案馆主任张秀春介绍

这支部队的“成果”，大部分是用活人作试验得到的。用活人作试验的方法极其残忍，如将含有伤寒病菌的水强行给实验者喝下去；将实验者绑在铁柱上，然后引爆装有鼠疫或坏疽菌、炭疽热菌的炸弹，致使他们染病等等，最终痛苦地离开人世。至于用于植物的细菌，则以残害庄稼为标准。一次，日军将一种“产品”撒放在附近的农田中，不出几天，长势正旺的庄稼就全部枯萎死亡。

我们在档案馆看到了一份当时逃出魔窟的中国劳工阎喜文在50多年前所写的回忆材料。据阎喜文称：在第100部队里被当作实验对象的，除了大部分中国人外，还有朝鲜人和前苏联的公民。有些人在附近迷了路，也被拐进来作了实验品。“工厂”内炼人的大炉日夜运转，最初帮助建“厂”的劳工，都被当作实验品秘密杀害了。有一次，日军抓进来200多名身强力壮的当地农民，被强行打针吃药，不到20天工夫，全部病倒。又过了两天，其中100多人死去了，剩下的也奄奄一息。

据统计，从1936年到1945年，第100部队直接或间接造成人员死亡达数万，经济损失不可估量。在日军投降前，第100部队还不忘残害中国人民，奉关东军司令部的命令，炸毁了所有设施，并把大量含有病菌的食品分发给无知的孩子，而这些细菌造成大批人畜感染，其影响直到解放初期犹存。

2. 张彬彬、赵玲实的调查

关东军第100部队驻扎在长春市西南的孟家屯一带，细菌学家、兽医若松次郎少将任该部部长。

若松次郎集聚了日本陆军生物、植物、细菌、微生物、解剖、化学、药物、病理学等方面的专家，其中还有博士。该部队的文职人员也都是相当于陆军校尉级的专业技术人员。这支特殊的部队，有800人左右，分为第一、第二、第三、第四部和总务部，还有一个实验农场和牧场。

1950年，关东军兽医处处长高桥隆笃受审时供认：为了增加细菌武器工厂产量，他曾下令在第100部队第二部内设立了第六分部，其任务是大批生产细菌武器。

由于第100部队是日军进行战争的保留项目和秘密武器，因而它理所当然地成为日军宠儿，其经费十分充足。这些通过秘密渠道拨来的巨大开支，连日本国会议员都无法知道。

在20余栋房舍、1万多平方米的场地里，第100部队饲养了大批动物，以鼠和马为多。

进行细菌实验消耗的大量牲畜都是从东北及中国内地掠来的。1941年，日军在辽西、热河及长城以北地区实行“集家并屯”政策，烧毁房屋，吞并土地，将上万人撵出家园。他们还以“剿匪缴获”为名，将抢掠的74万头牲畜转交给第100部队。

在进行毁灭农作物的细菌实验时，日本人从驻地农民手中掠夺了几十亩地，使有的庄稼长得非常好，却颗粒不收；有的稻子灌浆了，灌进去一些毒水，让其马上萎靡而死。

第100部队的细菌生产规模是巨大的，每年可生产1000公斤炭疽菌，或生产500公斤鼻疽菌，或培育100公斤黑穗菌。第100部队内设有一个专门储藏细菌武器的仓库，在那里，他们把细菌和烈性毒药保存在特种铁盒中，为了严守秘密，这些盒子外面只有一个用油漆写的号码。

惨无人道的日本侵略者，不仅拿动植物做实验，还把秘密逮捕的抗日军民和无辜百姓作为细菌实验对象。他们把人畜统称为“实验材料”。

为毁灭罪证，第100部队设置了3座火化炉。

一个曾在第100部队坐过牢的李大个子说：“我在这个院住了两年多，天天看见烟囱冒烟；即使每天死十个八个人，计算起来也死了几千人。往这里送的人真多，隔不几天就运来几大汽车。我看过冬天被剥去衣服绑在柱子上的冰人（冷水浇身活活冻成的冰人），因冰人的尸体不好烧，只好叫我们抬走埋掉，据说是实验冻伤的。”

第100部队有一个宽约250米、长约1公里的“牲畜掩埋场”。那里埋的不仅仅是牲畜骨头，更多的是人的尸骨。据当地老乡讲：“不仅上层有尸体，挖到二三米深还有尸体。有男有女，有穿黄衣服的，也有穿劳工服的。”他们还在牲畜棚外看到一个四五十米的大坑，还露出没有埋的人头和手脚。

1945年，眼看苏联红军要来了，穷凶极恶的日本鬼子连忙给当时的300多名劳工每人注射一针，很快死了五六十人，能够出去的，也染上严重的霍乱。

曾经参观过第100部队的伪满军政部直属陆军军需学校学员李野光回忆说：“那些军医大尉领我们到一间陈列室……吓！满屋又粗又高的玻璃缸，黄色的福尔马林药水里浸泡着人头、手臂、大腿、心肝、脾脏和生殖器等，简直令人看不下去……”

日本关东军第 100 部队，究竟用多少活人做细菌实验，通过实验杀了多少中国人？至今仍是一个未知数。

太平洋战争爆发后，第 100 部队多次深入苏、蒙边境。第 100 部队原别动队队长平樱全作在苏联伯力受审时供认，他曾多次参加别动队的远征行动，到过大兴安岭、海拉尔，以及毗邻苏联和蒙古的各地区，亲手将细菌投放到井里，也曾乘坐橡皮舟把细菌撒向通往苏联的河流。

1945 年 2 月，日本大本营下达命令，要求第 100 部队在日苏战争爆发时，成为生产各种细菌和烈性毒药的工厂；还要求在进行细菌战时，有足够的细菌武器供应。同时下令，立即给两个细菌实验部队（另一支是第 731 部队）配备足够的细菌学家、生物学家、化学家、兽医学家，以及有关的技术干部，加紧研制各种细菌和烈性药物，探求大批量杀人和牲畜的办法。

1945 年 8 月 9 日，苏军突破中苏边境的日军防线。第 100 部队虽按计划将染有病毒的牲畜全部赶到苏军后方，但他们自己却没有逃脱惩罚，被苏军捕获，送上远东军事法庭审判台。

1945 年八一五光复前夕，预感末日已到的日本关东军，为了销毁第 100 部队在东北大地上留下的罪证，于 8 月 8 日，将重要细菌实验仪器运走，带不走的房舍便纷纷炸毁。然而，成千上万的善良的人们怎么也不会想到，丧心病狂的日本人在逃窜前，将大批量的可以使人畜共患、交叉感染的炭疽菌、鼻疽菌、痈疽菌等投到井里，还放跑许多带有鼠疫菌的老鼠。一时间，长春附近、榆树头道岗、永吉乌拉街，岔路河，哈尔滨等地成为大鼠疫区，成千上万的人死于非命，仅岔路河一带就死了 2000 多人。永吉县拉镇赵全五老汉去一亲戚家串门，正吃着饭，突然口歪眼斜，泪水涎水流个不止，到家就死了。他死后，又传染给家人，刚埋完爹，又哭妈，没几天，一个 20

口人的家中就死了7口人。

死亡的阴影笼罩着东北大地，到处是哭声，到处有新添的坟冢。这股瘟疫百扼不止，直到第二年春夏之际，几场暴雨冲刷，才渐渐平息……①

3. 森村诚一著《恶魔饱食》一书描述的第100部队

1940年在中国东北各地发生的伤寒和鼠疫，人们怀疑很可能是第731部队和第100部队进行的秘密“联合作战”。

第100部队是一支以第731部队的研究实验为基础、新设的以家畜和植物为对象的细菌部队。部队的本部设于长春以南约十公里的孟家屯附近。部队人员共800人，比第731部队规模略小些。在一片广阔的土地上，修建了一幢十分坚固的混凝土两层楼和许多研究室。

第100部队分为从事细菌战实战研究的第一部和第二部。第二部的组织情况如下：

第一科：制造炭疽菌，进行有关的研究实验。

第二科：制造鼻疽菌，进行有关的研究实验。

第三、四科：制造其他流行性兽疫菌，进行有关研究实验。

第五科：制造黑穗病菌和叶斑病菌，进行有关研究实验。

第六科：制造牛疫菌和研究制造其他化学性毒物。

第100部队研究制造的主要是侵袭人和动物的炭疽菌。炭疽菌很顽固地从伤口或食物中进入动物体内以后发病。受害对象在发高烧的同时，全身黏膜出血，两天内就会死亡。这是一种相当厉害的病菌。

另一种鼻疽病是一种驴马的传染病。牲畜感染以后，从鼻

---

① 摘自张彬彬、赵玲实1995年7月6日发表在《工人日报》上的文章。

孔里流出大量的鼻涕，一般在两个星期内就会死亡。除马以外，狗和羊也会传染。由于缺乏有效的预防、治疗的方法，这种病成为家畜的大敌而为人们所知晓。

第100部队利用这些病菌进行着消灭中国和苏联军队军马和农村地带家畜的实验和研究。

炭疽病和鼻疽病也会传染给人。注射了病菌的牛、马或羊会感染其他军马家畜，也会危及饲养牛马的人的生命。第100部队的着眼点就在这里。

在1941年和1942年期间，第100部队制造炭疽菌每年为1000公斤，鼻疽菌500公斤，其他化学性毒物100公斤。

在撤退时可利用细菌和剧毒物污染所有的江河、贮水池和水井，使一切农作物荒废，牛羊死亡，这是关东军司令部赋予第100部队的主要任务。

第100部队的“实验研究”，并不是单纯用动物做实验。在这里也使用人作试验。

“……在1944年八九月间，他们使用活人进行实验，让实验者同时吞服催眠剂和毒剂，使被实验者不知道实验内容。被实验者有七八名中国人和苏联人。实验使用的药品中，有朝鲜牵牛花、海洛因、蓖麻子等。他们把这些毒剂混入食物之中，在两星期内，让被实验者吃五六次这种下有毒剂的饭。我想在汤中主要是加上了朝鲜牵牛花，在粥里加上了海洛因，在烟里掺上了海洛因和细菌。被实验者喝了混有朝鲜牵牛花的汤，30分钟至1小时以后就陷入睡眠状态，能连续睡眠5个半小时。”这是曾经在第100部队工作过的第六科科员三男一友，后来在哈巴罗夫斯克（伯力）军事审判法庭上供认的进行人体实验的残酷事实。

进行这种实验的结果，“受试人”的身体日益衰弱。当无法再进行实验时，第100部队人员就让身体衰弱的“受试人”泻肚子，然后把氰酸化合物当作药给他们进行注射，把他们毒死。

第731部队把“受试人”的骨灰扔在“骨堆里”，第100部队则把“受试人”的尸体埋在部队的家畜墓地里。

4. 原第100部队成员三男一友的回忆记述

第100部队的主要工作任务是为了开发新武器，在原来防疫工作的基础上，积极进行细菌战准备，为此新增加了第六科。苏联伯力城审判时，高桥中将和平樱中尉说过设置六科是在1943年12月，实际上在这之前就早已开始了准备。首先是修整了二部官舍的地下室，搬来了大型培养机、高压蒸气灭菌机、大型离心机和大型绞肉机等等，使其成为细菌武器制造厂。

1944年4月又从陆军兽医学校调来了山口少佐，担任六科科长，以一科的工作人员为主的近50个人组成了一个新的科。和现在一样，六科的业务极其绝密。

六科成立后最初做的是鼻疽菌生产实验。培养工具是由第731部队设计的宽30厘米、长40厘米、厚50厘米规格的铝合金制的石井式细菌培养箱。战后在苏联伯力军事法庭受审时，高桥隆笃中将说，第100部队的一年生产量是炭疽芽孢杆菌1000公斤、马鼻疽菌500公斤、赤霉病菌100公斤。

据我知道除了生产细菌工作外，还要不断地在动物或人体上连续注射传代，以增强其毒性。

六科的另一组准备做牛瘟病的空中布撒实验。所谓牛瘟就是由牛败血症病毒引起的传染病，经1～2天潜伏期后发病，高烧40度以上，快的6小时，一般的17天左右就引起败血症而致人死亡。死亡率高达70% ~80%，还没有发现有效的预防疫苗或治疗方法。

他们用绞肉机将牛瘟病的病牛肉绞碎和甘油混在一起，借用第731部队的特制喷撒器，用飞机在靶场上试撒，在靶场上将很多的牛和羊在一定距离间隔中拴住以做实验，观察牛、羊感染患病的情况，以便正式用于战场。他们还进行冬季和夏季的演习，目的是观察细菌布撒在草地上存活的时间。1945年3月根据陆军次官的通报，关东军司令部下达了增产新武器的命令。第100部队加强了人员，做好增产的准备。这个时期队员增加到1000名左右。

军队的一切都会被军事机密这一层神秘的面纱所遮盖住，第100部队也不例外，其中承担研究任务的二部特别是六科在这方面最为严格。六科的工作被列为机密，不仅是因为这些研究违反日内瓦决议书的精神，而且还因为从细菌武器的这个重点出发而采取的必要措施。

在如此机密的六科里，更加神秘的是细菌战资料室，很多人也许连有这样的房间都不知道。

第100部队还和第731部队在安达靶场联合进行了细菌炮弹发射实验。细菌资料室里展示着这些演习的照片、地图、图解，而且还有爆炸后的炮弹（细菌弹）弹片。除了这些，还有钢笔式放射器、放射细菌弹用的小型手枪等阴谋使用的细菌武器。

华北（北平）北支甲第1855防疫给水—细菌战部队

◎ 北平城内第1855部队“三个课”的业务内容

侵华日军华北（北平）北支甲第1855防疫给水—细菌战部队，对外称西村部队。它是1939年和华中（南京）、华南（广州）同期建立的三大防疫给水—细菌战部队之一。

该部队直属于日陆军参谋本部第九技术研究所（登户研究所）的阴谋暗杀部队，因此它的性质是明确的，不是一般的卫生部队。部队长初为黑江，继为菊池，后为西村英二。该部队曾在天津、济南、青岛、徐州、开封、新乡、保定、石家庄、太原、大同、张家口、郑州、临汾等地设13个支队。总定员为1500人。

第1855部队本部设在北京天坛公园西南角神乐署殿里。第1855部队设有三个课：第一课是卫生检验课，第二课是细菌生产课，第三课是细菌武器研究所，它有着防疫给水和细菌战研究和使用的双重任务。

1. 第一课（卫生检验课）

第一课设有7个室（细菌、血清、病理、昆虫、结核、生理和化学），由小森源一任课长。设在北平城内原协和医学院。

▲第 1855 部队北京遗址

2. 第二课（细菌生产课）

第二课设在现北京天坛公园西门南侧墙外的前卫生署中央防疫处生物制品所，该所于北平失守前迁往昆明。该所原为中国最大的一个血清、疫苗研制所。因此日军占领后即可利用其原套设备作细菌战剂的生产。

第二课为细菌生产课，为该部队的重点核心部门。在生产大量防疫疫苗的同时，还生产大量各种细菌战剂。

中央卫生部陆世良 1950 年写过一篇“关于日军驻北京细菌部队情况调查”报告，原文如下：

天坛防疫处在天坛西南，日寇在那里建筑的房子不少，除去宿舍与病房外，工作室约有 100 余间。前天坛防疫处处长汤非凡说：“1945 年日寇投降后我在接管北支甲第 1855 部队所占据的天坛防疫处时，曾询问有没有毒性菌种，日本人说只有斑疹伤寒的菌种，因此只交出斑疹伤寒的菌种。但本处在成立菌种室后，收集全处各部门的菌种时，发现有6管写有日本女人名字的菌种。这是证明日寇曾在该处制造细菌武器的最有力的证据之一。”此外，在前天坛防疫处院内还有日寇遗留下的分别为11吨、12吨、13吨3个大型高压蒸汽消毒锅，仓库内还有大量的铝质培养箱。据当时在该部队工作的机械匠陈康延说：“日寇在投降后不但毁掉很多文件、器材，并曾用坦克车大量地压毁全部铝质石井式培养箱。”

在该所的南侧面墙外，设有传染病隔离病院，有四栋木制房屋，既是为该部队工作人员实验、感染、患病治疗之用，也是北平地区日军的传染病患者作隔离治疗之用，病人多时竟达百余人。

在中央防疫处生物制品所工作的钟品仁教授在协助汤非凡所长接管该所时，在地下室冷库发现了鼠疫菌强毒株。他曾于1950年1月21日在《人民日报》揭露，并拍有照片，为重要罪证之一。天坛防疫处曾以呈文报中央人民政府卫生部。

▲日军第1855部队人员做实验

日本战俘长田友吉于1954年11月，在战俘管理所主动写了一篇记述北平细菌部队的文章，内容是：

1943年7月，我以卫生兵的身份，根据教育队队长某军医中佐的命令，出差到北平天坛华北防疫给水部西村部队参加细菌检验训练。当时，西村防疫给水部设有细菌试验室，约有10个房间，其中有细菌培养室、灭菌室、显微镜检查室和材料室等。一天，我和几名同事一起进入了霍乱菌培养室。室内有一个高2米、长1.5米、宽80厘米的大型灭菌器，其中有一个高30厘米、长50厘米、宽30厘米的铝制霍乱菌培养箱。这时，正在细菌室值班的某军医中尉指着培养箱向我们解释说："这里面培养着难以计数的霍乱菌，有了这些霍乱菌，就可以一次把全世界的人类杀光。"

这一事实足以证明日本帝国主义在中国的领土上培养撒布细菌，大量屠杀中国人民的严重罪行。

战俘中村三郎在供词中说，他于1944年在北平听过西村部队的报告，介绍该部大规模培养细菌的设备，还专设有新型轮带式连续培养的装置，能生产好多细菌。这说明该部的技术有新的发展。

3. 第三课（细菌武器研究所）

日军于太平洋战争爆发后，强占了我国在北平的著名学府静生生物调查所，该所是为了纪念我国著名学者范静生先生，在他捐献的房地产及名贵的生物标本基础上而建的研究所，它位于北京城的中心地带北海公园前门西侧的前北京图书馆西侧文津街三号。日军强占静生生物调查所后，就在此建立了名为第三课的“细菌武器研究所”，由田统任所长。

目前还留下了我国中央卫生部陆世良和夏绰琨写的两篇文

章，从中可以了解细菌武器研究所的情况。

卫生部陆世良关于日军细菌武器研究所的调查（1950）：

静生生物调查所大楼位于国立北京图书馆的西邻，除地下室外，共有三层，有房60多间，第三层大部分是平台。篠田部队在太平洋战争爆发后，于1941年12月9日进占该所。日寇投降后接管该所的夏纬琨等，曾在该所地下室内发现篠田部队第三课所留下的一张工作室说明图，证明该楼为大量培养跳蚤的场所。图上注明：平时只在二层楼西半部养蚤种，作战时二、三层楼可全部养蚤。作战时最大生产能力是24.7公斤，平常养蚤的数量是1.6公斤。此外，同一地方还发现了蚤幼虫期和成虫发育关系的图表，以及该部队在各地所搜集的跳蚤、老鼠、蚊蝇的照片。该所老工人门子华、高文元说，篠田部队占据该所时，二层楼上是不许任何中国人上去的。在上二层楼的楼梯顶端，安了两扇门，日常总是锁着。日本人上去时，也要脱了衣服，按电铃后，才许进去。每逢有大卡车开到所里时，卡车都是严密遮盖，而且开进大门后，日本兵就马上关起大门，并把中国工人堵在后院，连下班都不许出去。该部队部队长西村英二来时，也是把中国工人都堵在后院，严密戒备。楼里平时温度很高，每年只7月份停烧暖气锅炉一个月。院子里有用水泥灌围起的三块直径6米的圆草地。日本兵嘱咐中国工人不许靠近，说草地里撒有跳蚤。日本兵每天把许多干血碾成血粉，按照该部队残留的研究图表的说明，血粉是养跳蚤的一种饲养料。高文元曾负责喂过几千只白鼠、灰鼠、仓鼠、兔子等。他还到车站接过一批山东老鼠，到北京各区公所收集过大量的苍蝇。日本投降后，该部队把中国工人都赶了出去，秘密烧毁各项文件、器具，拆毁各项设备。在投降后的10天内，门子华被叫回去修理水泵，看见日本兵正把他们安装的二楼绿色玻璃都打碎了埋到地下，换上普通玻璃。日本人走了以后，该所还发现了七八个一尺多高的大玻璃瓶，里面都装满了苍蝇一类的东西。该所在修理水管时，曾在地下挖出20几个破汽油桶和烧过的大麦、老鼠。细菌部队在该处还建有一所4米见方的带有双重门的没有窗户的小屋，另有地下冷藏室一所，都是供培养细菌武器所用的。

夏绰琨[①]关于日军占据静生生物调查所及其撤退情形见闻：

1941年12月8日早晨8点钟的时候，日本军第1855部队的篠田部队强占了静生生物调查所。事前一年中（或有二年），该队长篠田就时常前来参观，他自称日本京都帝国大学教授，并研究昆虫学。来所里的时候，往往是与我们所里昆虫部队研究人员交谈。据我们看来，篠田亦俨然学者风度，文字方面，可能通达数国，英语、法语说得相当流利，体格很长，鼻子很高，我们常说他像是一个日本和法国人的混合人种，年岁在40左右。那天早晨，篠田亲自率领士兵10名闯进本所，一方面将本所已经上了班的员工加以监视，另一方面，让士兵把守大门，不准我们陆续来所上班的员工再进门。两小时后，将被监视的员工放出，而留下工友6人为他服务。过了几天工夫，他便传知我们离所的员工，各自写具履历片一张，并各自声明是否还愿意继续服务。又过一星期，指名召回我们干部十余人，借继续任用为名，强迫进行劳役，将静所楼房上层室内东西搬至下层。并于谈话中询问本所内部情形。如此10天，大概彼将本所情况了解清楚，即下令又将本所员工全体解散，

① 夏绰琨是原静生生物调查所人员，但职务不详，此文写于1950年3月1日。

仅留下机器匠4人，花匠1人及工役1人。

在篠田部队占据本所的四年之间，他的内部设施与工作情形以及行动，都是非常诡秘的。据我们的旧工友高德成和机器匠门子华等（日本留用的）所说，静所楼房上层绝不准中国人上去，他们日本人上去的时候，也要有一定的符号，并且须要更换衣服。平时凡有物品运入或运出，必先将中国人驱使回避。楼里平常温度很高，一年中仅有一个月停止暖气。静所暖气、水、电等设备，系与北京图书馆（东邻）合用，机器房装备，规模很大，大部分暖气、水、电为图书馆使用，静所只用一小部分已足。在篠田占据本所的四年间，他将图书馆使用的所有暖气、水、电路线截断。楼上窗玻璃涂有绿色。篠田与天坛方面往来频繁。1945年8月日本投降，篠田闻讯惊慌，大肆烧毁其机要文件，据四邻看见，焚烧有三天三夜，火烟未息。

同年10月中旬，我奉命接收静所，一进大门，便见院庭中间有一大坑，坑内尚有焚烧灰烬、破碎玻璃及破汽油桶等物。日兵共约10人，正在移土填埋此坑。待进楼中查视，楼房上层各室皆空空如也，有日兵数名，正用喷雾器喷刷墙壁；中层各室，除图书室等外，余亦多是空空；下层各室，多积满静生所原有物品。出面接洽者斋藤，称系151兵站医院代表人，事前篠田队移交给他来负责。问其篠田何在，答不知去向。凡有接触，日兵维恭维敬，驯顺非常，某待之亦和平。数日后斋藤报称：篠田本人住在西直门外万寿寺中。某即使招之来所谈话。篠田与某见面时，第一句话说“日本人大大觉悟”。问他静所中有无危险性质物品存在，答曰“绝对没有”。从此即点查静所一切财产，发觉损失甚大，交涉重点，都注意在追索损失上头了。经过三个月的时间，于次年1月下旬，始将移接手续办理完竣，20名日兵遂即撤走。在此三个月中，日兵已将土坑填平，各室墙壁喷洗，破坏门窗玻璃代为添装。

日军撤退后，本所开始整理一切，在清理中间，发现篠田队使用本所楼房平面设计图一张，示明楼的上层各室具为饲育室，又发现有生物照相一册。后又发现日本人留下的跳蚤蚊虫等照片数百张。在静生所之损失中，最关重要者，是本所原有财产目录不见了。经向日人索要，不能献出。某迫他甚急，不得已，他声明业被烧毁了，并具有声明书交来。

关于第1855部队在静生所进行人体试验的问题，原在第三课任跳蚤饲养员的伊藤影明，于1995年3月来华到北京谢罪和我们见了面，谈了以下的情况。

伊藤影明被分配到北支那派遣军甲第1855部队第2分遣队是在1943年11月。赴任伊始他就受到严令，“这里所做的事，绝不许对外人讲”，如果违背这一训令，就要交付军法会议处置。

他所担当的工作是以老鼠为媒体饲养跳蚤。饲养室在三层建筑的三楼，该建筑的一楼是半地下室。他身上只裹一条兜裆布，脚上穿一双拖鞋，整天忙于饲养跳蚤。从他的证言看来，此时还没生产鼠疫跳蚤。室内搭起几排木架子，把装进笼子里的老鼠放进大汽油桶里，里面撒上麦糠、血粉饲料、豆饼，然后往里面放进跳蚤，使之吸食鼠血，于是跳蚤就可以在里面不断繁殖。该部队不仅从事于跳蚤的生产，也曾作过繁殖苍蝇和蚊子的尝试。有时苍蝇和蚊子不够用，该部队就到当地百姓家购买。长田友吉供认，1944年已经进行了苍蝇和蚊子的研究，研究了细菌的培养与鉴别方法，这与伊藤影明等人的证言是相吻合的。

起初一个阶段，由十几名士兵和军属负责生产，到了1944年人员也增加了许多，不少下士官和军官（如军医大尉、中尉）从本部调转到该部，最终达到50名左右，逐渐进入正式大批生产的阶段。与伊藤氏同期入伍的H氏，负责饲养老鼠，1944年1月染上鼠疫，在本部诊疗所住院接受治疗。在这一时期，队员染上鼠疫并且入院接受治疗的有六七个人。从这一证言看来，鼠疫跳蚤的正式大量生产是从这一时期开始的。可是第1855部队的生产，在此以前很早就开始了。《井本日记》1941年12月22日记有“北支大汽油桶2万”，所谓“汽油桶”就是饲养跳蚤的桶。该日记还说“只要有人和钱，可以生产10~20公斤（跳蚤）”。据1943年4月17日《医事会报》载，参谋本部商议该计划时，有人报告说：“北支那给水部生产跳蚤100克，需老鼠1000只，12月末可以生产1000公斤跳蚤，但所需老鼠急待补充供应。”

伊藤氏在证言中说，日军曾把中国人俘虏押运到第三课，当时为了防备意外事故的发生，给每一位卫兵分发了5颗实弹。送来的俘虏监禁在涂有黑色油漆装有铁窗子的房间里。把俘虏押送来的第二天，伊藤氏偶然从监禁室的木制窗往里看，看到了一个20来岁的中国男人。他在谈起当时的印象时说：“只有两只眼睛在闪闪发光。”

为什么把这些俘虏押送到第三课呢？H氏的证言回答了这一问题。1944年一过夏天，从丰台俘虏收容所往第三课押运俘虏，那时他奉命担任警戒。一连押运三天，第一天押运6人，第二天5人，第三天6人。据说他们担心事情败露，因此从收容所押运出来时谎称“带到医院去”。戴上手铐的俘虏一到第三课就被投进了装修成监狱的房间里。俘虏们有所警觉，拒绝饮食。从本部前来的军医给这些俘虏注射了细菌，H 氏并不知道这是什么细菌。而后对俘虏的身体变化进行了调查。注射以后没到一天，这些俘虏就死了。进行解剖的不是第三课，而是把尸体运送到第一课进行。运送尸体的卡车径直前往丰台，再次押运俘虏。就这样人体试验一连重复了三天。这一证言证明，在第 1855 部队进行过人体试验。

第三课还利用羊进行了细菌实验，H 氏有一次参加了这种细菌实验，遗憾的是现在已无从确定曾作实验场的村庄的位置。进行实验时先把五六只羊赶进蓄水沟里，这里是围起来的放有跳蚤的地方，然后观察这些羊的感染情况。大约过三天，这些羊就因感染而致死。实验后把羊的尸体烧掉，再把鼠疫跳蚤装入汽油桶里带回部队。

1945 年 8 月 10 日，由于苏军的参战，第 1855 部队急忙组建了一个二十来人的给水班，森冈卫准尉任队长，负责指挥。这时第 731 部队没有收到组建给水班的命令，只有第 1855 部队奉命担当此任。

从 8 月 16 日起，他们利用院内防空壕，用大约一周时间烧掉了实验仪器和动物、资料等，企图烧毁证据。

◎ 华北地区的细菌战

华北地区的细菌战主要是针对八路军及当地百姓进行的。大致可分为分散型（如对各交通沿线进行的扫荡、清乡、进攻、退地活动和制造无人区等）和集中型的大规模屠杀（如山东鲁西大屠杀等）。特选出具有代表性的档案文件记载如下，因为档案中当时的记载比现在的论述更具有说服力。

▲侵华日军在华北地区实施毒气战

1. 分散型的细菌战

（1）朱德、彭德怀报告日寇在豫北地区滥施霍乱等病菌之罪行电[①]（1938年10月11日）。

顷奉朱、彭总副司令灰电开：

豫北敌以迭遭我袭击，伤亡惨重，乃在道清路两侧地区，滥施霍乱病菌，民众罹者甚众，在内黄、博爱等县尤剧，每村均有百数十人，惨绝寰宇，无复人性。

第十八集团军武汉办事处

1938年10月11日

① 此件系第十八集团军武汉办事处转报于国民政府行政院的。

（2）1941 年河北定县军区司令部通知（1941 年 12 月 14 日）。

据边区公安局得定县公安局 1944 年 2 月 11 日报称：定县敌命令爱获村捕交老鼠，阴谋制造鼠疫菌向我边区散布毒害我军民。以此险毒阴谋，望每部应严加防范为要。

（3）第二野战军卫生部工作人员指控日军散播病菌（1950 年）。

日寇在侵略中国战争中，曾在晋冀鲁豫边区的新乡、滑县、浚县，晋绥边区的河曲、保德、兴县、岚县等区散布鼠疫、伤寒等传染病菌。二野卫生部工作人员指出：1942 年日寇扫荡晋绥边区后，当地卫生机关即在河曲、保德一带发现散在性鼠疫患者，死数十人。经当地军政卫生机关协助人民隔离，断绝交通，始免于蔓延。该处在这以前从未发现鼠疫传染病。八路军卫生机关曾在新乡发现敌人散播伤寒菌的装置，当地人民因伤寒致死的数十人。除此而外，日寇还在井中、食物中置毒。曾在太行区坚持八年抗日战争的二野军械处黄处长说："日寇对当时的解放区施行'三光'政策，在许多地方投掷传染病菌，不少人因此惨死。"

（4）我国游击区和边区对日军细菌战的揭露。

据《日寇侵华暴行录》一书中记载，新华社在 20 世纪 50 年代揭露，日寇在侵略中国期间，曾在晋冀鲁豫边区的新乡、滑县、浚县，晋绥边区的河曲、保德、兴县、岚县等地撒布鼠疫、伤寒等病菌，还在新乡发现日本飞机投放伤寒菌。1942 年，晋绥边区卫生机关即在河曲、保德一带发现散在性的鼠疫患者，死有数十人。据统计，八年抗战中，边区患传染病的人数约 1200 万。

（5）1942 年十八集团军通告。

《新华日报》（太行版）1942 年 4 月 23 日以《十八集团军

总部参谋处发动群众，展开反毒气、反细菌战的斗争》为题报道说：华北敌寇最近在各地疯狂使用违反国际法的毒气战和细菌战，阴谋毒害我抗日军民，以挽回在华北的败局。估计敌寇愈接近崩溃的时候，其战争的手段愈残酷，所以在今后的整个战争任务中，反毒气战和反细菌战亦将成为重要的一部分。为此需深入宣传教育，以粉碎敌寇的这一阴谋。

（6）石桥[①]揭露日军曾在定县施放菌毒（1950）。

1942年，我在冀中军区卫生部工作时，于一、二月间，接到七分区卫生处的报告，说敌人在扫荡撤退时，在定县油味村及周围村庄遗有死鼠，并见大批病鼠白昼四处爬行，极似疫鼠。卫生部接到报告后，即派卫生教导队教授薛晓铮等，前往疫区进行检查，从死鼠及病鼠的剖验镜下发现了鼠疫杆菌。从当地居民的控诉中证实了病鼠确系日寇撤离时撒布下的，幸而发现尚早，并在冀中区党、政、军、民及我卫生机关共同努力下，采取封锁、断绝交通、焚鼠消毒等紧急措施，才未染于人。

在这之前，就发现在敌扫荡后，根据地的军民必有一次流行病发生，在接近敌区的军民，也经常发生同样的流行病，其中最多的是霍乱。根据各方面的消息与情况推测，是敌人在开始使用细菌武器。当时冀中卫生部部长顾正钧，曾为此发表了以《粉碎日寇细菌攻势》为题的文章，刊载在《前线报》及《冀中导报》上，号召冀中军民紧急动员起来，粉碎敌人惨无人道的细菌战术。所有这些推测，都由1942年春季在冀中捕获的日本在华特务机关长大本清的供词所证实。他说：“日本在华北的北平、天津、大同等地，都有制造细菌的场所；日军

① 石桥为中国人民解放军步兵二〇五卫生部人员，此件是其1950年的散发材料。

中经常配有携带大量鼠疫、伤寒、霍乱等菌种的专门人员，只要有命令就可以施放。当时冀中形势是敌我犬牙交错，所以只是一些试验，不能大量使用，只等把八路军压缩到山地或日本军队撤退时，才大规模地采用细菌战术。”

除此以外，日军在井内、食物内撒毒，早在1940年就开始了。抗日战争中，因此中毒的冀中军民，是难以数计的。日军对冀中人民还使用一种烈性的毒气，造成了定县北坦村惨案。大本清的供词写道：在日本军队内，装备着大量的毒气及破坏农作物的毒菌，以及破坏视力、听力、致哑、障碍运动等不同性质的毒药。但是利用中国人去施放毒药，收效不大。日本军队正在训练着日籍的放毒人员，准备利用一切方法，进入根据地大量施放。为避免这种罪行暴露于世，日军关于施放菌毒的文件，只有大佐以上的军官才有资格阅读，有的大佐也不让知道。并在每个文件的末尾，都写着“阅后焚烧”的字样。

（7）河北省军区卫生部整理的日军细菌战罪行材料(1950年2月23日)。

关于细菌战犯在我区的罪行，经本部及有关单位座谈，综合简报如下：

本部警卫员贾万福（定县南部油味村人），在1942年三、四月间，曾看到日寇数次到村里扫荡、搜查，曾亲眼看到日军离去后丢在街上、胡同里的死鼠，还有不少活鼠在街上跑。当时老乡们响应上级号召，家家都想尽办法捕鼠，并互相询问捕鼠数量。医院医训队学员马书耀的姨母住在油味村，当时得病两天就死了。据当时统计，得病不几天而死者有70人之多。他也证实以前敌人几乎天天到村里去，但以后就不去了。以上与我冀中七分区卫生机关发现定县南部有带病源的老鼠的时间正好相符。

在油味村附近的西城村、深泽县的西内堡、杨村，亦有相似之事发生。那时政府及驻军也号召大力捕鼠，并派有防疫队。医训队学员王士勋是西内堡人，可以证明。

医训队学员赵清和，1943年在晋察冀军区八区队当卫生员，他谈了敌人在灵寿县上、下石门村、吕生庄、西岔头、万司言一带放鼠疫菌的情形。1943年春季，日寇向我灵寿部队侵袭，4月份战斗结束，上、下石门村先发现有病鼠死在街道上，到处都有老鼠跳蚤。开始有几个儿童病死，以后老少发病很多。上、下石门村共200多户，最厉害时每天就有40到60人病死。主要病情是高热、鼻出血、头痛、股淋巴腺肿大。随后吕生庄也发生了。万司言村流行也较严重，该村只有70多户，每天竟有10至20人病死。流行最猖獗的时候是4至5月。当时，万司言村驻有我八区队团部及卫生队共70多人，得病而死者有14人之多（警卫排11人，卫生队3人）。赵清和当时也得了病，因发现早，经抢救幸免于死。

此外，万司言村北边的寺院，驻有我八区队两个连，磁河南的上、下梯子村驻有两个连，亦有病情发生，但流行不像上、下石门及万司言村严重。

以上八区队1个团部、4个连部共发生80名左右的病患者，死亡36人。

（8）晋绥军区后勤训令（1945年3月20日）。

迭据各处电称：敌在根据地扫荡施放毒菌传染来灭害我军，现我军二分区之河曲巡镇一带，均有大的传染病流行，有的全村全家死亡，为此各部应立即完成以下任务：（从略）

特此训令　　陈希云　刘　忠

贺　彪　戴文影

（9）崔亨振披露日军在华的第二个细菌战部队——济南支队（1989 年 7 月 21 日）。

1989 年 7 月 21 日，韩国《中央日报》报道了曾为侵华日军当中文翻译的韩国人崔亨振，对日军在济南用中国人作细菌武器试验罪行的揭露，报道题为《日军在中国的第二支细菌部队》。这一报道震惊了世界。内容如下：

有 1000 多名中国俘虏和韩国流浪者被当作人体试验对象，悲惨地死在这支部队。这一情况是当时在这支部队担任中文翻译官的韩国人崔亨振在第二次世界大战结束后 44 年的今年第一次透露的。

崔亨振说："军医给俘虏们注射了鼠疫菌。被注射过鼠疫菌的俘虏，其中有十几个人经过一场恶寒和高烧的痛苦后死去。"

这支部队的部队长是渡边一夫中佐，还有 20 多名军医分属在细菌研究组、培养组和人体实验组等。因为他们穿白大褂，所以这支部队也被人们称为"白大褂部队"。

部队驻地用双重铁丝网围着。崔亨振作为翻译目睹了各种临床过程和非人道的暴行。

崔亨振回忆说，实验对象不足时，军医们就到附近村庄随便抓来中国大人和小孩进行实验。

他第一次看到的人体实验，是对 10 名俘虏注射天花病毒，然后临床观察反应。全身出现天花的人，在声嘶力竭地喊着"救救我"的悲惨声中死去。然后，尸体被烧成了灰。

研制肠伤寒疫苗时，则强迫俘虏们吃下含有病菌的饭团子。

培养斑疹伤寒病菌时，先收集俘虏身上的虱子，再把虱子带的病菌注射到俘虏身上，因此，俘虏们一到这个地方就注定要被病魔缠身直至死亡。

军医们还对离部队8公里远的一个村子中50多户300多名村民进行了霍乱病菌的人体试验。他们先把沾有霍乱菌的猪肉等狗食撒在村里，经过15天左右因霍乱死了20人后，就宣布这个村子为传染病发生地区，然后便观察防疫和治疗过程。

这支部队平均每三个月进行一次人体试验，每次要死100多名俘虏，因此，一年要杀死400到500多名俘虏。崔亨振说，他在这个部队服役期间死亡的俘虏有1000人。“现在，我感到掩盖日本军国主义的罪行对不起历史，所以，虽然晚了也要揭露这一真相。”

2. 集中型的细菌战

（1）敌放毒菌屠杀我民众，1938年3月，朱德总司令通电呼吁全国全世界人民抗议日军暴行。

国民政府军事委员会钧鉴，全国各军将士、各报馆、各团体、国内外同胞及国际联盟、各国政府、各国民主政党、无产阶级政党、工会、各国红十字会、各国宗教团体及世界一切维护人道爱好和平人士公鉴：

据中央社徐州二十二日电：“津讯，据获悉敌在晋省频加失利，颇受重创，并因冀晋鲁各处游击队甚为活跃，故决定加以报复，拟以飞机数十架，飞晋省及陕北肤施（即延安）等地投掷细菌弹轰炸，期整个消灭我各该地军队及参加作战人民。”复据三月二十七日天津确讯，日寇决以百架飞机向陕北数十县军民施放剧性伤寒病菌，以期杀尽此区域的数百万民众，向我政府及全国同胞、海外侨胞，以及全世界无产阶级和民主组织、国际联盟和各国政府及一切民众团体呼吁，请求你们立即一方面发动全中国和全世界舆论，抗议和制止日本法西斯军阀拟定的施放毒气、毒菌杀害千百万生命的残酷兽行；另一方面，速即给我军及晋省、陕北和晋冀鲁区域民众以防毒防疫的物质帮助。

须知日寇竟以此种非人手段屠杀我军及陕北和晋冀鲁区域千百万民众，则此种灾祸任何时候均可在全国任何地方出现。日寇如能在中国施行此等违反国际公法和起码人道精神的举动，则日寇及其他法西斯国又何尝不可以同样残杀手段加之于其他任何国家的军民？因此，立刻用一切有效力法抗议和制止日寇施放毒气、毒菌的罪行，不仅是我军和晋省、陕北及晋冀鲁数千万男女老幼的迫切呼号和希望，而且是全中国同胞应该立即奋起进行的公共事情；不仅是有关四万万五千万全中国同胞生死的问题，而且是有关全世界人类命运的问题。

时机迫切，临电不胜企待之至。

国民革命军第八路军
总指挥　朱　德
副指挥　彭德怀

《新华日报》1938 年 3 月 29 日

（2）卫生署快邮代电（1942 年 6 月 13 日防字第 9846 号）。

查此次鼠疫侵绥，确系敌施细菌攻势毒我兵民。我绥防疫设施虽无充分准备，但经确实封锁、隔离、烧埋紧急之措置，已收宏效。综计两月间发现疫区 22 处，百姓死 287 人，军队中除马占山部略有死亡外，河套内驻军无一罹染。近来疫氛渐杀，已趋溃灭之途。考其防治过程，诚由处置快速，以最紧密之封锁、防堵，击破疫菌特强发挥力，杜绝蔓延；且不惜民间损失，彻底执行隔离、烧埋等工作，期速扑灭。自鼠疫发生以来，传染迅速，流行区广，整个西北前哨顿呈严重局面。质言之，此

▲1938年5月，山东兖州日军前线，戴防毒面具的日本兵与《朝日新闻》随军记者。

次绥西大规模之防疫，诚开抗战期内创举，委亦抗细菌战最艰巨之一环，其能早日收效者，未始非军民戮力同心、针对疫菌拼命以赴不为功，而经验教训之所得，适足引证以警惕。

（3）山东鲁西霍乱大战。

根据战俘林茂美1954年7月17日检举材料证明，日军在1943年9月中旬至1943年10月末发动了代号为“方面军12军18秋鲁西作战”的霍乱作战，其作战目的是大量杀戮中国人民；派日本帝国主义军队在撒布霍乱菌的山东省鲁西地区一带行动，在霍乱菌撒布地区考验自身的防护能力。同时侦察中国人民被杀戮情况。

在1943年9月阴谋策划并实行霍乱菌战的上层分子如下：

华北方面军司令官、大将	冈村宁次
关东军防疫给水部长、军医中将	石井四郎
华北防疫给水部长、军医少将	西村英二

这次作战行动主要在山东省鲁西地区进行，包括阳谷县、莘县、堂邑县、范县、朝城县、濮县、观城县、东吕县、临清县、夏津县和馆陶县附近一带。

林茂美在检举材料中还提到，日军撒布霍乱细菌，使中国人受害情况：

1943 年 9 月 20 日前后，在山东省临清县第 44 大队驻地，在为该大队队员做霍乱防护实验而进行采便检验时，第 59 师团长、中将细川忠康命令我（曹长）前去调查初发地南馆陶驻地及其附近的中国居民情况。于是，我带领防疫给水班的 3 名卫生兵和另一小队赴军内最早发现患者的南馆陶，侵入 10 户居民家检查，发现有 20 名中年男女受害，上吐下泻，严重脱水，完全呈现霍乱症状，其状惨不忍睹。得不到任何治疗的这些中国人无疑将全部死去。

随后又侵入临清驻地周围中国人住宅，调查中国人患霍乱的情况，对 20 户居民调查的结果，发现了中国的中年男女 30 名霍乱患者。这些病人排出来汤样粪便，剧烈呕吐，身体极度衰弱，骨瘦如柴，十分痛苦。中国人生活困难，衣食无着，更谈不到去付医药费。他们对于传染力极强又难以预防的霍乱毫无抵抗力，可以肯定这些患者必将全部死于防护试验。据柿添军医中尉说："这一带地区无论走到哪个村子都在流行霍乱，连宿营的地方都找不到。"

这就足以证明中国人受害人数是相当多的。据统计，在这次霍乱大战中，中国人病死约为 5 万人。

华中（南京）荣字第 1644 防疫给水—细菌战部队

◎ 南京第 1644 部队——又一杀人魔窟

南京华中防疫给水—细菌战部队，代号为荣字第 1644 部队，对外称多摩部队或桧字部队。它是 1939 年同期建立的华北、华中和华南三大防疫给水—细菌战部队之一。它还在上海、苏州、常州、杭州、九江、南昌、安庆、汉口等地设立了 12 个分部，总定员为 1500 人，直属于日本陆军参谋本部第九所登户研究所密谋暗杀部队。因此它的性质是明确的，不是一般的防疫给水部队。

本部设立于南京中山东路 305 号原南京中央陆军总医院（现为解放军南京总医院），为一幢六层楼大厦，大门前挂有荣字第 1644 部队木牌。门前马路对面有该部队植物园和飞机场（即南京明故宫机场），自备飞机三架。

细菌武器研究所设在大楼后方的原南京中央卫生实验院大楼。细菌武器工厂，设在邻近九华山，现为华山饭店和电子工厂。

第一任部队长为石井四郎，第二任为太田澄，第三任为增田知贞，第四任为佐藤俊二，最后一任为山崎新，直到战败。

▲南京第 1644 部队遗址

该部队长佐藤俊二被俘后在伯力审判庭上说，荣字第1644部队并不只是进行防疫给水的，而且还进行研究、大量制造细菌武器的工作。训练部每年培养 300 名细菌学干部，以供细菌战的需要。部队内设有供大批培养细菌的设备，每一生产周期（3 ~5 天）能生产 10 公斤的浓缩活细菌。也进行大量繁殖带鼠疫菌的跳蚤，曾用 100 个大汽油桶繁殖跳蚤。主管培养鼠疫菌和跳蚤的是村田。佐藤又说，他亲自听到太田大佐及小野寺中说，1940 年在宁波一带，1941 年在常德一带，1942 年在浙赣一带的细菌战，是配合第 731 部队一齐进行的。

据《每日新闻》记者朝野富三的调查，此中楼的第一层为霍乱、伤寒和鼠疫研究室，二层为饲养老鼠和繁殖跳蚤的地方，三层为人体试验室，四层为监禁受试者的地方。这里平时关有 20 ~ 30 人，人多时超过 100 人，其中还有妇女和儿童，受试者一旦进入，就不可能活着回去。关押的房间均有铁窗，称为“开不开的房屋”，由荷枪实弹的士兵看守。

朝野富三通过采访还记述了该部的一次活人试验。这次试验是和“九研”（登户研究所）联合进行的。为防泄密，直接参加者限于“九研”人员，把监禁在四楼的受试者带到三楼，让其躺在手术床上，“九研”人员站在两侧，由翻译说：“这是日本医生，不要担心，是给你治病的。”随即进行人体试验，最后注入氰酸，该受试者立即发生痉挛、颤抖，仅数十秒钟，就抽搐，气息奄奄，心跳停止。

关于人体试验的事，战后有一位台湾籍同胞谢金龙说，1942年，他曾亲眼看到日军俘虏收容所长森田中尉，奉华中派遣司令部第三科科长广本上尉的命令，挑选百余名中国俘虏，到中山门内中央医院旧址，交多摩部队（即第1644部队）供细菌试验，把各种病菌注射到人体，观测变化，结果在数日之内，百余人全部死亡。

该部队的画兵石田甚太郎临终时发表了遗言，使我们了解了较多的情况。

1. 遗言披露的过程

曾于1942～1945年间在南京华中第1644防疫给水—细菌战部队任绘图员的石田甚人郎，在职时管理过绝密文件和绘制细菌武器人体试验的彩色图像。战败回国后，因受到严格纪律的约束，积忧成疾，性情孤僻，不参与社会活动，内心十分不安。

1985～1995年间，他埋头写作，写出了275页的《旧日军见闻》。不久前得知他姐姐的孙女水谷尚子在中国上海复旦大学攻读近代日中关系史学位，并获得中国政府的奖学金，感慨万千，于临终前召唤她回国，将他的经历全部告诉了她。水谷尚子说：

1993年9月11日和17日，我去看望了病卧在床的老人。

寒暄过后，彼此沉默了片刻，然后他问我：“去过南京没有？”我答说去过，于是他便如大河决堤一般把以往的经历都讲给我听。尽管此时他已卧病在床，无法进食，发出一点声音都相当痛苦，但他还是在两天中给我讲了4个小时。

上级曾有命令，在有关人员中间，严禁对外人说及人体试验的事。战后在“战友会”的相互监视中，这些事情一直未对外人述说。此时他却愿意作出这些证词，其神情真使人感到仿佛像在面对上帝忏悔一般。我问：“作为一个历史研究者，我想让世人知道这些证词，我能将此发表么？”石田老人神情平静地点了点头。

石田老人没有自己的儿女，但有侄子和外甥以及他们的子女，亲戚很多。他将连对身边的亲人都缄口不言的战争中的经历，特意告诉了我这个研究中国史的年轻人，我深感其责任和意义的重大。“日军在南京的暴行不只是大屠杀。第731部队所进行的人体试验、活人体解剖、细菌培植的行径，在南京也同样日夜进行。”听了石田老人的证词，我对日本侵略战争的认识，渐渐发生了变化。我觉得，这已经不是“书里面所描绘的事件”，而是有一种切实的感觉迫压过来。他一定是在这样想：“要将上次的战争中所发生的事作为历史事实公之于世，要将对此事的反省和教训传达给未来年轻一代。”我感到自己仿佛承接了一项艰难沉重的事业。

石田于1911年出生于日本爱知县热田。其幼年时期正逢插图画家们掀起现代艺术运动，日本的设计美术界走上了独立发展道路的大正时代。他不顾父母的反对进入了名古屋市工艺学校图案科学习，毕业后进入了名古屋印刷株式会社，拥有了自己的美工室并开始了制作活动。然而，逐渐逼近的军靴的橐橐声，使得插图画家们陷入了失业的困境，石田便到了军中去求得一职。

过去曾在荣字第1644部队中工作过的医学人员，在回国后都纷纷就任医科大学的校长、医学部的名誉教授等职，平步青云，声名显赫。与此相比，作为插图画家的石田，其在战后所走过的历程，就要悲惨得多。

复员以后，他以贩鱼为生，似乎要躲避这人世，悄无声息地生活着。他之所以要舍弃画笔，是缘于一直从事于恶魔般的彩色画，在南京曾有过一段痛苦的经历。

石田老人既不要住院也不要检查、不要服药，拒绝一切医疗。在我看望他的三天之后即9月20日去世，终年83岁。这一悲壮的举止，体现了他对医生积储甚深的不信任感。我深信，在战时的南京，不断目睹了日本医学人员的组织性犯罪行为的他，在战后从不参加以军医为中心的“战友会”的活动。这也是他对日本军国主义所犯罪行的全力抵抗和抗议。

石田老人交给了我几样作为他证词无可置疑的证物，其中有解剖刀和书库的钥匙，进入一科房间时佩带的徽章等。希望这些物品能在中国的博物馆里陈列出来，以自己的死来换取真相的公开。

2. 石田甚太郎的遗言

（1）参加南京第1644部队。

战前我是稍有名气的商业美术画家，后因战局恶化而失业，结果找到一份随军的美术兵工作。1942年7月11日录用通过，被分配到南京荣字第1644部队，从事绘画和编写该部队机密文件的工作。

入伍以后，首先是接受三个月的严格的医学卫生教育。因我对医学方面的专业知识一无所知，所以这三个月我感到好像就在上学一样。教官是山中工程师，他教给了我如何防止传染病感染的防疫知识。部队总人数有1700人左右，根据任务分为一科到三科。三科的任务是防疫，培育疫苗，经营牧场。二科的任务是供水和修建，担任武器管理、财务、食堂经营、卡车运输等工作。一科才是执行分配给部队的主要任务的机构，是部队的心脏部。这里日日夜夜都在进行着生物武器的开发研究。

研修结束后，上级命令我在一科事务室工作，很快我就被近食中校叫了去。星期天不必说了，差不多每天近食中校都要把我叫到他宿舍里去，请我喝酒，他是在“试验”我。当身体和头脑都浸满了酒精的时候看我能否保守机密，我是否会说漏嘴，也可说是他在考察我是否适于担任机密文件编写和管理工作。我到他宿舍每去一次，中校便将酒量渐渐增大，以此来对我考验。这时，我明白了此后担任的任务是一项威胁到我生命的工作。听说我的前任患上了神经衰弱症，最后试图上吊自杀。

（2）我在第1644部队所做的事。

每天将日记编写完后，接下去是跟随军官或工程师到他们的研究室或是无菌室去。我主要的工作，是将供试验的人体身上、摘出的器官上所出现的毒物和感染反应当场描绘下来。我并不是整天待在事务室里，更多的时间是在哪个房间里画什么东西。当时不像现在，既无电子显微镜，也没有彩色照片、计算机，当然，也无拍摄细菌和细胞照片的技术。因此在病理解剖和病理实验的报告上，一定会有美术兵的我以左眼瞅着显微镜用右眼来绘制的画。

不仅有当场的速写，还要在印画纸上着色，画统计图或作战用的地图等，总之，命令我画什么我就画什么。

把这些机密文件进行整理后，保管在一科事务所内的大书库（机密库）里也是我的工作。我虽是文职人员，但被任命为书库管理。书库内存放有第1644部队成立以来的作战文件、研究发表日志的大量副本。即使有上级的命令，除我之外，别人不能随意打开书库。

此外，也只有我一个人无熄灯时间，常常到了深夜我还在埋首书桌。在解剖室里，人体骨骼标本、头盖骨、活体经解剖后浸在酒精里的标本，有好几个滚倒在地上，发出一股难以言诉的臭味，令人感到恶心。在这样的房间里，我一个人在低垂的灯罩下工作，只有纸面和笔尖部分有一片亮光，自己背后的阴暗处猛然间仿佛有个白色的亡灵站立起来，使我不禁毛骨悚然。在这样的环境里，要保持自己的精神和体力不是一件容易的事。

（3）在显微镜中所看到的东西。

我每天望着显微镜，用特殊的笔在B5纸上画出各种细胞的速写。我还记得曾经描画过菌体供不同医疗检测用时而发生的变化，因毒素的反应而造成的细胞异常现象。用色素染色的伤寒菌的母体与子体分离成红色和蓝色的染色体，看上去就像一个个糖果一般。

我还画虱子和跳蚤的解剖速写。经培养的跳蚤，要比野生的跳蚤稍大些，颜色也不是红褐色，而是带点褐色的透明体，一眼看上去觉得有点怪。原来这种跳蚤是“为了传播鼠疫而专门培育起来的跳蚤”。虽说比较大，身体也就在1.5毫米。解剖时，先将一只跳蚤和熔化的蜡液注入一个纵、横、深均为25

毫米的容器内，冷却后将蜡的固体取出。然后用一种比肉店里切火腿薄片的刀具更精巧的一种器具，将其切成一片片面积为2.5平方毫米、厚度为0.2毫米左右（恰如透明尼龙袋的厚度）的薄片。这样一来，有跳蚤的部分就像一段电影胶片一样成为一片薄片。然后赶紧用镊子钳将这一片片小薄片夹在两块玻璃片的中间，这是件很累人的活儿，稍有点呼气，这蜡制的小薄片就会飘飞出去。夏天，工作的时候门窗都被关闭，在完全无风的房间中还须戴口罩，而身体上只是紧裹着一块兜裆布而已。

（4）鼠疫跳蚤的研究。

战争后期，日本制作了很多气球炸弹。气球炸弹实际上不是炸弹，而是一种作为传播细菌武器的手段而开发出来的气球。第1644部队曾进行这种装载在气球上的“鼠疫跳蚤”的开发研究。但是，培育出来的鼠疫跳蚤生命力很弱，随气球飘出去后马上就会死亡。因此，如何培育出健壮的跳蚤就成了最大的研究课题。

在鼠疫菌研究室中，靠中央的地方是监禁供试验用的活人的笼子，稍稍靠外面一点，分左右的水沟，里面放的是经消毒的药水，这一装置是为了防止鼠疫跳蚤逃逸到房外面去。跳蚤一般跳不到比汽油桶更高的地方去，但是为了预防万一，还是采取了这样的措施。

（5）一科的建筑物。

一科的建筑物是一幢三层的楼房。

一楼正面进去是事务所，右边是摄影室的仓库器材室，左面是浴室和机器仪表房。此外，部队的三科借用了一楼的部分房间在进行大量灭菌工作和细菌培养。

二楼有20个左右的房间，其中差不多一半是各尉级以上的军官、有官衔的文职人员（工程师和技术员）的研究室。各研究室分别从事霍乱、伤寒、鼠疫菌等研究，所有种类的细菌成百地被放入试管及其他器具、玻璃培养器皿内，然后保管在当时还很罕见的冰箱内，也有很多用于培养细菌的蒸汽锅。在二楼还有标本室、士兵的一科内务班休息室、杂物间，在东边有实验手术室（人体解剖室）。

在三楼关押有供人体试验用的活人房间。这是一些特别的房间，房间的形状并不像牢房，而是像一个大教室，里面放置着几个笼子。我记得，在三楼朝南的大房间常放着五个笼子，在西面的小房间里有两个。这些笼子就像动物园里关狮子的笼子，其大小只有一张三尺床铺那么大。里面关一个供试验的活人。不同的时期关押人数会有变化，倘若不够供试验用就再补充。同室内的人能互相望见。由第一年新兵负责他们马桶的洗刷和吃饭。

在所有房间门下，都安置了消毒药水池。规定在进出房间时必须用这一装置对鞋底进行消毒。

白天在一科工作完了的下级军官和士兵，必定要在这座楼房一楼和二楼的两个浴室内洗完澡后才能回到内务班。

（6）冥界——三界“活人体”。

医生们将三楼的房间用暗号称之为“三界”。“三界”为佛教用语，意为“冥界”，是指关押供医学试验的中国人的特别房间和实验室。也就是说，关在三楼房间内的活人，都是供活体试验用的，从来没有活着出去过，三楼就成了生与死的分界岭，“三界”之语由此而来。

“活人体”一词在部队中连新兵都知道，“三界”一词所用范围有限，这是因为能进入“三界”房间的士兵人数很少。能进入室内的人，在便帽的旁侧标上一个纽扣，或在军服的胸前戴个徽章。徽章按颜色分级：红色的为将官，黄色的为校官，白色为下级军官和文职人员。

(7) 医生们与人体试验。

在一科，用活人来进行各种各样有关传染病和毒素的活体试验。一科是由医生组成的专门小组，对鼠疫、霍乱、伤寒等细菌、病毒以及蜈蚣、蝎子、蝮蛇等小动物的毒液、毒草、毒药对人体会产生何种影响进行了人体试验。此外像牙医所进行的牙槽脓漏的研究，兽医和医生共同进行的狂犬病的研究，也使用了活人体。染指于活体试验的，并不限于一科自己的医生，也有专程从日本本土赶来参加试验的医生，取得研究成果后立即将资料归结起来再返回日本。

(8) 天真少女当活体实验。

从宪兵队那儿去接受活人之体，是二科的工作。负责运输的二科的卡车，在深夜从老虎桥的宪兵队那儿将活人体带来。卡车外面盖上罩子，从外面看不见里面。到了部队后，便由二科交给一科，活人体便被关入笼栅内，供医学试验用。

负责管理活人体的是近食中校。医生们根据各自的研究小组需使用多少活人体，一一向中校申报后再领取。部队中普遍认为“活人体不是俘虏，而是普通便衣，可不必对其宽容”。

初用来作活人体的中国人以健康的成年男性居多，也有女子和儿童。有一天带来一个亦被当作活人体的脸上还留有几分天真气的年轻女子。我觉得好生奇怪，找了借口来到宪兵队，实际上要问一问宪兵队，为什么要将这样的少女带来做活人体？宪兵说她的罪行是“大腿内侧藏着一把手枪，怀疑她是共产党间谍”。但我想她也许是个良家女子，手枪也许是用来防身的。然而我不可能以此来反驳他们，只能随其处置。于是，这样的少女也被惨无人道地用来作人体试验，最后惨遭杀害。

（9）战败和证据毁灭。

收音机里播放天皇宣布投降诏书的8月15日，从军官到士兵，部队里所有的人员都集合在大院子里，耷拉着脑袋收听广播。其时我一个人未参加集合，将机密文件搬到部队后院（从一科建筑物的北口出去，就靠近一科事务室的窗外）的防空壕内，将积成山一般的魔鬼的记录烧毁。上面对一科事务室的负责人木村准尉直至我下了一道命令：“由石田负全责，销毁机密文件！”三年间不断描绘、记录、整理起来的所有记录资料，必须由我自己亲手来焚毁。依据上级的命令，在焚烧文件的时候，不准许有一张纸片散遗或留存下来。

我首先在防空洞里侧的顶部挖了一个洞，然后在书库中将文件全部搬出来，在纸上点上火。在巨大的、犹如西式大衣橱般的两个文件柜中，藏放着自1939年～1945年六年间所保存的日军细菌部队荣字第1644的所有档案资料。

在地底下焚烧文件，外面是南京8月的热浪，里面是一片烈火炎炎，仿佛像一幅地狱受难画，这样的工作持续了三天共约40多个小时。这三天中我一刻也不得闭眼，一步也未走出洞外。受着这火焰地狱的痛苦，即使是由着魔鬼的符咒而舞蹈的偶人，也会大汗淋漓。这些日军所害怕外传的使用了生化武器的物证资料及用于细菌战的活体试验研究记录，就这样销毁了。至18日早上，焚毁完毕，然后将防空洞的顶部塌陷到地上，用泥土掩埋了纸灰。

宣布投降后一个星期，传来了重庆的国民党政府将要派员来接收部队的消息，部队里一片哗然。上面传下了命令："凡是带菌物，从跳蚤、老鼠直至活人体全都放入焚尸场内焚毁!""全体一科的人员赶紧将建筑物及室内的一切其他物品处置掉!"于是，为开发细菌武器而进行的活体试验的所有形迹都被彻底地抹消了。这真是一片凄惨的场景。我在烧毁文件的时候，别人将"三界"的房内结构拆除，改造成娱乐室的模样。房间周围原有一圈防止跳蚤逃逸的水沟都被不留痕迹地除掉了。听说活人体则用氰酸钾毒死后被焚烧了。

最令人难忘的，是士兵们在一科辖区内到处重新开掘的情景。一科借了飞机场的一部分场地用作种植药草的农场，对那里也进行了挖掘，被埋尸骸差不多都成了白骨。尽管如此，从泥土中挖掘出来的腐败肉体化成了水浸吸到衣服上，在炎夏太阳的照射下，引来了大量苍蝇，黑压压的一片，散发出异样的臭气。两三个士兵拖一辆拖车，将尸体堆聚在一科的大院里，堆成山一般的尸骸，仅我所见的就是一百几十具，听说烧了好几天以后抛进了长江。我真不愿意回想起那股恶臭，但一到了夏天就回想起来。

◎ 南京九华山细菌武器工厂

1. 工厂概况

第1644部队的细菌战剂生产工厂，设在离本部大院后西侧约1公里的珠江路小营路口西侧，北面直通北京东路的一片大地，是过去的兵营和靶场，因此称"小营路"。围绕着这块大地有高墙和铁丝网，墙外有水沟，隔离防范甚严。北面的土山名为九华山，土山内有山洞作细菌武器的储藏室。

为了伪装和隐蔽，细菌战剂生产工厂对外称为“血清疫苗厂”，无任何标志。据邻近居民说，里面都是木板和铁皮制造的房屋，不准中国人入内，谁也不知道里面是做什么的，以为是药厂。

二战胜利不久，前上海国防医学院微生物学系主任教授李振翩，去接管南京九华山细菌工厂，当时协助他接管的有该校顾德鸿教授、刘冠儒技师和南京大学生物系教授朱洪文，他们所见的情况均一致。其中见有巨大的、像小房屋般的高压蒸气消毒锅，在它的旁边放了不少石井式细菌培养箱，这说明此工厂是制备细菌战剂的。他们将其中的细菌培养原料琼脂、蛋白胨和牛肉膏等数十吨装回上海江湾前国防大学医学院，共装了10节火车厢，由此不难看出该工厂生产细菌战剂的规模。国防大学医学院微生物系的叶天星教授接管这批物资后曾说：其数量大得惊人。随后转给上海生物制品所使用，据说用了十多年还未用完。

九华山细菌工厂确实还制造血清，有马60匹，由刘学儒带回上海交给上海中法血清疫苗制造厂兰春霖教授使用了。

经手接管这批物资的4位人员均一致认为，石井式细菌培养箱不是为制备人用疫苗，而是制备细菌战剂的。这批石井式细菌培养箱因已毫无用处，就由上海永兴昌医疗器械厂改装为托盘使用，现存于第二军医大学微生物教研室。

2. 1998年8月南京九华山细菌工厂遗址首次挖掘出细菌试验者的遗骨

1998年8月间在南京市北京东路42号一门楼建筑工地，距地面1.5米的地层内，发现29个头颅及一批被肢解的遗骨，是侵华日军荣字第1644部队细菌试验受害者的遗骨。

一批史学家称，这一发现足以轰动海内外，因为侵华日军第731、第1644等细菌部队的罪行被多次揭露，但一直没有发现直接受害者的遗骨。这批遗骨在国内尚属首次发现，对进一步揭露侵华日军细菌战部队的罪行，深入研究日军的暴行史，有着珍贵的价值。

在施工场地发现的这堆凌乱、被严重肢解、伴有刺鼻气味的遗骨与南京大屠杀有关的结论，是经过一批史学家、法医、医学专家及公证人员等进驻现场，历时三个月，检测、考证后得出的。

南京市公安局刑事科学技术研究所的法医学鉴定认为，29个头颅中，男性28个，女性1个，均为17岁～38岁的青壮年；遗骨散乱掩埋，有的在同一简易木盒内埋有多个头颅，有的木盒内则有多具同部位骨骼，还有的被埋在木盒之外，整具完好的尸骨极少。

解放军军事医学科学院有关专家专程来南京，按照检测鼠疫、霍乱、炭疽三种微生物战剂和化学战剂的检测取样要求，采用国际通用的技术，确认“样品”中含有霍乱菌肠毒素基因，而未找到霍乱活菌。南京第1644细菌战部队原设在南京中央陆军医院（现南京军区总院），而发掘现场（当年的靶场）和小营路（当年的兵营）一带是第1644部队专门培养细菌的试验工厂。所谓“血清疫苗制造所”，实为九华山细菌战剂工厂。

◎ 上海细菌武器转运站

日军在上海虹口区四川北路1878号前日本人办的福民医院（现为上海第四人民医院），建立了细菌武器中转站。从以下文件中可以看出其在福民医院活动的情况。

陆军第二十一军146师阵中日记（1939年5月15日）。

奉总唐蒸戌勇中电，据敌为防止我游击队蔓延，近由东京运大批毒菌赴上海，指定福民医院为细菌培养工厂，共分鼠疫、霍乱、伤寒、白喉、赤痢五种，制成雪茄烟式的玻璃管，分送华中、华南各前方，投放于河井及池水中，并派特务及汉奸，散投各游击区。希严侦预防为要。

国民政府军令部战史会9603号档案。

1939年6月19日上海电：敌遣汉奸散播病菌，冒充难民，携保温热水瓶，内藏霍乱、鼠疫、白喉、赤痢、伤寒等传染病细菌，潜入粤、桂、黔、川各地设计散发。现在上海福民医院特辟地下室，日夜监制各种传染病细菌。其派往重庆、西安、桂林、金华、韶关等处之汉奸，皆经敌南京特务机关六个月训练毕业，并经福民医院冈田博士指导。第一批已于5月16日分海南岛、厦门、温州、汉口四路出发；第二批又集虹口，住北部小学内，每日往福民医院学习。

国民政府军事委员会致重庆卫戍总司令部电（1939年6月1日）。

据铁道部运输司令钱宗泽电称：

（一）敌利用夏初气候，派汉奸冒充难民，携带热水瓶，内藏霍乱、鼠疫、赤痢、伤寒等传染病菌，潜入粤、桂、滇、蜀设计散发于我军阵地水质中，并兼探我陆、空军情况。其派往重庆、桂林、西安、金华、韶关等处者，已于4月16日分由海南岛、厦门、汕头、温州、汉口出发；第二批现在潜伏虹口福民医院内实习，不久由南通、长江赴各处工作。

（二）敌在淮盐内掺加毒质，运往我国内地，以图毒死民众。该盐经炒后，即变黑色等语。除分电外，特电希严密查察。

▲1937 年 8 月，进攻上海的日军时刻准备进行毒气战。

◎ 华中和华东地区的细菌战

侵华日军在华中地区进行的细菌战主要有三大“远征作战”，即 1940 年浙东（宁波、衢县、金华、义乌、东阳）的鼠疫战，1941 年湖南常德的鼠疫战，1942 年浙赣铁路线的细菌战。这三大细菌战都是以哈尔滨第 731 部队为主，由南京第 1644 部队配合进行，并由石井四郎亲自参与的。

溆浦民報

侵寇窮凶極惡
發動毒菌攻勢

▲《溆浦民报》揭露日寇细菌战

1. 1940年浙东（宁波等）地区的细菌战

1940年日军所以对我国浙东地区实施鼠疫战，可能与当时的宁波港（宁波当时又称鄞县，简称甬）是我国与国外的海航通路重要的接济点有关。宁波港是我国的深水港，可停靠万吨轮船，因此日军为切断我国海上交通补给线，亟须封锁该港。如果该地带发生鼠疫流行，它自然会被迫封闭。宁波地区的鼠疫战的报道较多，其说不一。1994年宁波医学科学研究所的黄可泰所长会同宁波市政协副主席吴元章进行了核查，更正了受袭击的时间和死亡人数，并写出了《惨绝人寰的细菌战——1940年宁波鼠疫史实》一书，1994年由东南大学出版社出版。

（1）宁波疫情概况。

1940年10月27日晨约7时，天色阴霾，一架单翼飞机入侵宁波地区上空，撒下传单后，向西逃去。传单上画着日、德、意国旗和有两手相握、表示“中日亲善”的图画，还有什么“重庆正在闹饥荒，民不聊生，日本人则丰衣足食，尚有余粮来接济你们”等谎言。那天下午2时许，日机再次入侵，撒下大量面粉、麦粒。这时，市中心开明街一带上空顿呈黄色云雾样。日机过后，当地居民就发现跳蚤骤多，红红的颜色，种类亦异。后来才知道这些跳蚤就是吸饱了疫鼠的血液，体内充满着亿万个鼠疫菌的疫蚤。时隔几天，就有人染病发病。

据当时在鄞县中心医院任职的孙金铭医师回忆，最早他在为武春元（男，67岁，在东大路256号开设上海书屋）诊治时，认为患者有鼠疫可能性，就抽血涂染色（经姬姆萨氏染色）镜检，见到鼠疫杆菌，又把血片送省卫生处鉴定，被正式确定。武春元死于11月11日，《时事公报》12日报道；从血液中见到的鼠疫杆菌，属败血型鼠疫无疑，在当时医疗条件下，患者存活期不长。这与国民党中央卫生署卫生防疫处长容启荣在《浙江鼠疫调查报告书》中记载的武春元染疫于11月9日吻合。

而孙金铭医师对鼠疫的临床诊断亦作出了贡献。那是11月1日下午，在县东镇镇长毛稼笙邀请下，鄞县卫生院张方庆院长带领医务人员赴疫区调查，发现患者5人，他们挑选症状较轻者2人去中心医院检查。经孙金铭、周尧恒医师诊查，发现患者具显著的鼠疫症状，当即向县政府作了报告。

（2）来自日本方面的报道①。

1940年日本陆军中央部正式讨论了细菌武器的使用问题，发布了开始细菌作战的命令。根据天皇“大陆命”（大本营陆军部作战命令），陆军参谋总长发布了开始作战的具体指示，即“大陆指（大本营陆军部作战指令）第690号”。

6月5日，陆军参谋本部作战科荒尾兴功、支那派遣军参谋井本熊男、南京第1644部队队长代理增田知贞商定了关于实行细菌战的协议。协议决定以浙江省的主要城市为攻击目标，实行部队直属支那派遣军总司令部，部队负责人为关东军防疫部部长石井四郎，作战方法为用飞机散布菌液和传染鼠疫的跳蚤。

7月25日，关东军发布了“关作令（关东军作战命令）丙第659号”，这一作战命令是为了浙江省的细菌战，命令运送第731部队队员临时编成的“奈良部队”的人员和器材。根据这一命令，从哈尔滨出发的炸弹“700发、汽车20辆”等器材于8月6日运到了前线基地浙江省杭州。两天以后，第

① 选自向日本政府提起诉讼的中国民间诉讼团的律师团的调查报告。

1644 部队和第 731 部队共 120 名队员在杭州集合。

9 月上旬，决定细菌战的攻击目标为宁波和衢州，金华作为候补。其中，宁波是中国东南部的重要的港湾城市，衢州和金华是从浙江通往江西的浙赣铁路上的要地。9 月 18 日，攻击目标的候补地区又增加了玉山、温州、台州等地，并开始了浙江省的细菌战。

从 9 月 18 日到 10 月 7 日，日军进行了六次霍菌、伤寒菌、鼠疫菌攻击。这六次攻击都是在散布菌液的同时，像 10 月 4 日攻击衢州一样，空投了传染鼠疫的跳蚤。10 月下旬，在宁波也空投了传染鼠疫的跳蚤。11 月底，在金华空投了鼠疫菌。

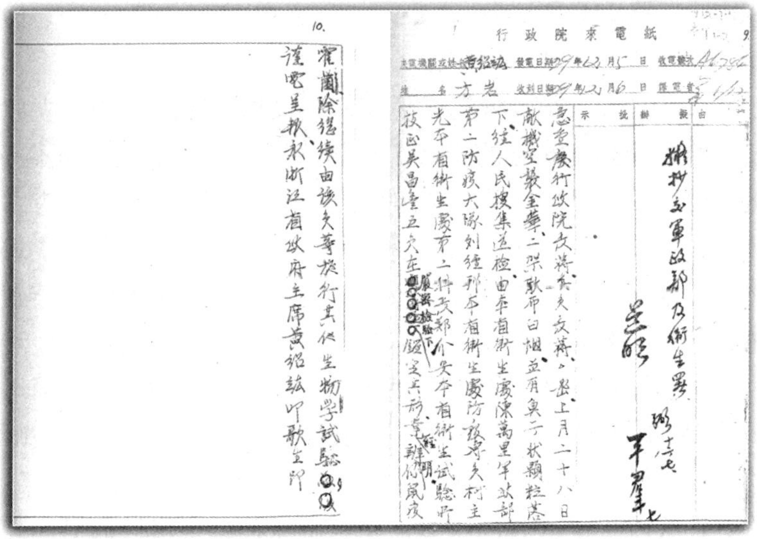
行政院來電紙
急。重慶行政院長蔣、委員長蔣：□密。上月二十八日敵機空襲金華，二架散布白烟，並有魚子狀顆粒落下，經人民搜集送檢，由本省衛生處陳萬里、軍政部第二防疫大隊劉經邦、本省衛生處防疫專員柯主光、本省衛生處第二科長鄭介安、本省衛生試驗所技正吳昌豐五人在顯微鏡下檢驗，鑒定其形態，經辨明似鼠疫霍亂菌。除繼續由該員等施行其他生物學試驗外，謹電呈報。浙江省政府主席黃紹竑叩歌印

▲1940 年 12 月 5 日黄绍竑致蒋介石电称金华发现鼠疫霍菌

在成为攻击对象的地区里，至少衢州和宁波两地区发生了大规模的鼠疫流行。

11 月25 日，日本陆军参谋总长杉山元对支那派遣军和关东军发布了“大陆指第781 号”命令，下达了于11 月末结束作战的指令。

（3）细菌战造成的宁波鼠疫灾害①。

1940 年10 月下旬，日本军用飞机飞到宁波市（当时的鄞县）开明街上空，空投了传染鼠疫的跳蚤、小麦等。军用飞机飞走之后，居民在开明街一带的商店的庭院、房顶、水缸和地面上发现了散乱的小麦等，还有大量的活跳蚤。

患者和死者限于日本军用飞机空投了跳蚤的地区的居民。污染的区域从北边中山东路224 号到268 号，西边开明街64 号到98 号，南边沿开明巷，东边从东后街向北太平巷又延伸到中山东路224 号一带。污染区的商店43 家、住宅69 户、僧院一处，共113 户，591 人。

11 月2 日，华美医院（现在的宁波第二医院）的丁立成院长给东后街136 号的患者王仁林（男，47 岁，当日死亡）的淋巴腺做了穿刺，用染色液制作了标本，根据显微镜检查发现了杆菌。杆菌呈典型的鼠疫杆菌状态。11 月3 日，又抽了患者俞元德（男，16 岁，11 月6 日死亡）的血液和淋巴腺穿刺液，并用土拨鼠做了动物实验。从第二天死掉的土拨鼠的血液和淋巴腺穿刺液里也发现了鼠疫菌状的杆菌，并进行了细菌培养，得到阳性结果。后来把培养物送到省卫生处，吴昌丰技师检查培养杆菌，进行了血清凝集反应，得到的也是阳性结果。在其他医院接受检查的许多居民的临床症状（淋巴腺肿、高烧、昏睡、头疼等），也证明了宁波市开明街一带流行的疾病是鼠疫。

---

① 选自向日本政府提起诉讼的中国民间诉讼团的律师团的调查报告。

11 月3 日设置了消灭鼠疫临时事务所，通知居民们一发现高烧、昏睡的病人就立刻送到事务所来。事务所在诊断之后，把病人送到设置在县城南门外的临时隔离病房，这样其他医院就不再接受鼠疫患者。但是，因为临时隔离病房离传染区太远，运送病人不方便，于是 11 月 4 日在传染区内又设置了收容重病号的甲部隔离医院和收容有感染嫌疑人的乙部隔离医院。并且在 6 日以后，甲部隔离医院收容了真正的鼠疫患者，乙部隔离医院（后转移到传染区外）收容了传染区居民及处于潜伏期嫌疑的人，设置在旧乙部的丙部隔离医院收容了传染区外有感染嫌疑的人。

隔离医院一共收容了约 250 人。甲部隔离医院收容的 61 名，除受害者钱贵法和另一名以外，剩下的 59 名都在 11 月末死于鼠疫。乙部隔离医院收容的 127 名，在潜伏期过后接到了出院许可证，但是其中约半数因无家可归而继续住在医院。

在此期间，还进行了积极的防疫活动。11 月2 日封锁了污染地区，4 日县政府发布了严密封锁该地区的告示。6 日鄞县成立了防疫处，整备了防疫体制。从 8 日开始着手在污染区的周围修建高 3.7 米的围墙，由于是突击工事，11 日就完成了。此外还进行了破坏陶制排水管道和埋设暗渠等工事，用硫黄烟熏等方法进行污染区域的消毒。中央政府和省政府派来防疫队和负责防疫的官员正式实行了鼠疫疫苗的注射。

但是由于鼠疫患者的死亡，污染地区的居民为了逃避传染病，或回到父母家，或离开污染区去投奔亲友。在设置县防疫处同时，为了防止传染病的蔓延，相关部门组织了专门搜索离开污染区的居民和感染者的搜索队。搜索队有效地在县外发现了许多患者和污染区的居民，并把他们带了回来。但尽管如此，在传染区外仍有 32 名死者。

11 月30 日夜，一举烧掉了开明街污染区的所有住房，因为只用消毒的方法不能扑灭细菌。烧房从晚上 7 点开始，在污染区的 11 个地方同时点火，4 个小时以后，烧光了污染区内的所有建筑，烧掉了住宅 113 户，房间 137 间，面积约 5000 平方米。

由于防疫活动起到了效果，在 12 月初最后的患者死亡以后，宁波的鼠疫流行终止了。死者的总数至少有 109 名。

（4）胡贤忠向日本东京地方法庭递交控诉书。

1998 年 2 月 16 日，浙江宁波受害者遗属胡贤忠向日本东京地方法庭递交了控诉书，内容如下：

今天，我要对日军第 731 部队进行细菌战争的事实进行血泪控诉。

我是居住在宁波市的胡贤忠，是日军第 731 部队对宁波进行细菌战争受害者的遗属。我 1932 年出生于宁波，今年 66 岁。

1940 年 10 月下旬，日军第 731 部队的飞机在宁波上空低空盘旋飞行，当飞机飞到宁波市中心开明街的时候，飞机上撒下与麦子、玉米等谷物混在一起的让人体感染鼠疫的跳蚤。当时，我只有 8 岁，在开明街 70 号和家族住在一起。我和住在附近的人都亲眼看见飞机上往下扔的东西像雾一样散开。

当时，我家在开明街经营一家名为“胡元兴”的制作和销售骨牌的商店。我家里因为日本军队的细菌战争，父母、姐姐、弟弟都染上了鼠疫，四个人都被病魔夺去了生命。

我家属成员中第一个感染上鼠疫死亡的是我的姐姐胡菊仙。那年的 11 月初，我的姐姐先是头痛、发烧，脸色越变越红，然后意识朦胧，同时，大腿上的淋巴结也肿了起来。姐姐没有食欲，最后连水也不能喝了，身体就这样衰弱下来。母亲虽然给姐姐吃了各种各样的药，但姐姐没有好起来。在发病以后不久，姐姐在全家人的看护下死去了。姐姐死了以后不到10天，我的弟弟、父亲也相继因为传染上了鼠疫死亡了，他们和姐姐症状一样，非常痛苦地死去。

很快，母亲也染上了鼠疫且病情不断加重，腋下肿起了一个硬块。母亲对我说："我也要被送进那家隔离医院，也就要死在那里了。"后来，我是从邻居那里听说母亲死亡的消息的。

这样，我成了一个孤儿。我不知道自己今后还能不能活下去，心中充满着不安，一想到将来的生活，我就伤心，眼泪止不住地往下流。一个孤儿的体验，那种悲惨，不是用语言可表达出来的。

我从内心憎恨改变了我命运的这场细菌战争，也因此不能饶恕日本的第731部队。

日本战败已经50多年了。但是，直到今天为止，日本政府还是不承认日本军队曾经发动细菌战争的事实。日本对侵略战争采取沉默、暧昧的态度，这样能够实现真正的中日友好吗？

（5）细菌战造成的衢州鼠疫灾害①。

1940年10月4日，日本一架军用飞机在衢州市（当时的衢县，以下用原名）上空低空飞行，盘旋之后散布了混杂着传染鼠疫的跳蚤的小麦和谷子等。军用飞机飞走之后，县城（市区）里的柴家巷罗汉井一带的居民在房顶和地面上发现了散乱的空投物。

日军空袭的17天以后，衢县县城发现了大量的死老鼠。

---

① 选自向日本政府提起诉讼的中国民间诉讼团的律师团的调查报告。

在20天以后的11 月12 日，柴家巷3 号居民吴士英（女，12 岁）发病；第2 天，罗汉井巷5 号的黄廖氏（女，40 岁）、柴家巷4 号的郑冬弟（女，12 岁）相继发病。上述三人都是在发病后三四天死去。后来发现的患者也呈现高烧、头疼、鼠疫腺肿大、呕吐等症状。县卫生院在20 日将其诊断为腺鼠疫。后来福建省派遣的防疫专家根据显微镜检查、细菌培养、动物接种确认了这个诊断。

日本军用飞机空投的传染鼠疫的跳蚤，首先造成了老鼠间的鼠疫流行（当时捉到的1588 只老鼠中有8.4%，即133 只被发现带有鼠疫菌），之后传染给人，引起人群中的鼠疫流行。

衢县在1940 年以前没有发生鼠疫的历史，并且同年发生的鼠疫集中在日本军用飞机空投谷物和跳蚤的地区。

11 月下旬以后，鼠疫发病者的人数逐渐增加，柴家巷、罗汉井巷、水亭街、美俗坊、上营街、宁绍巷等邻近地方的街道上陆续发现了鼠疫感染者。

11 月22 日，管辖浙江省等地的第三战区司令部接到了报告后，命令驻扎在衢县的军政部队首先封锁鼠疫流行地区。当天，衢县各界、各团体召开紧急会议，决定成立衢县鼠疫防疫委员会，并决定封锁鼠疫流行地区、组织医疗工作者、设置隔离医院和隔离所。采取了鼠疫感染者入隔离医院，患者的家属和鼠疫流行地区的居民转移到各地区的隔离所和衢江上的船里等措施。另外，防疫委员会进行了预防鼠疫的宣传活动、关闭学校、鼠疫疫苗的预防接种、烧掉鼠疫患者的住宅等活动。

到1940 年底，有关当局公布的因患鼠疫而死亡的人已有24 名。由于多数鼠疫患者的家属不愿意全家隔离、烧毁住宅，而把患者隐藏在别处不去报告，因此实际上患者和死者的人数更多。

衢县的鼠疫受害还不止于1940年。1941年3月上旬，鼠疫在衢县的坊门街再次发生，很快城里十几条街道同时发生了鼠疫。当地政府立刻设立临时防疫处，派遣了防疫队，但是鼠疫还是越来越流行。

1941年6月，为了消灭衢县的鼠疫，国民政府派来了卫生署外籍防疫官鼠疫专家 Robert Pollitzer。他主动担任临时防疫处的检查科长，指导防疫活动。鼠疫在县城的37条街道上流行，流行地区遍及全县城，郊外也有两个地区流行。衢县的鼠疫流行到了同年12月总算停止了。

▲1941年4月10日，战时防疫联合办事处疫情旬报第29号关于衢县鼠疫的情报。

根据中国统计，1941 年在衢县县城发生的鼠疫的患者为 281 人，其中死者为 274 人。

另外，在衢县鼠疫流行的时候，由于日军飞机频繁地空袭县城，城里的居民疏散到了农村，于是鼠疫就在完全没有近代医疗体制的农村蔓延开来。县城地区和周围农村加在一起，死于鼠疫的人至少有 1200 人。

但是衢县的鼠疫暴延并不止于县城和周围农村，它传染到了义乌城内，还有包括崇山村在内的义乌周围的农村。

（6）细菌战造成的义乌鼠疫灾害①。

从 1941 年 9 月在义乌市（当时的义乌县，以下用原名）开始流行的鼠疫，是由于前一年日军在衢州空投的鼠疫菌的传染而造成的。义乌在 1941 年以前没有发生鼠疫的历史事实。

最初的发病者是住在义乌县稠城镇北门街的郦冠明（男，36 岁），他在浙赣线义乌站的铁路上工作。1941 年 9 月 2 日，在正流行鼠疫的衢州被传染，9 月 5 日乘火车回家后，9 月 6 日死亡。

1941 年 10 月 9 日，义乌县卫生院向县政府报告了在县城北门第十三保出现的急病死者和与死者同样症状的六个患者的情况，以及在病人家或附近发现的几十只死老鼠的情况。根据死者患者的症状和发现的死老鼠，政府部门认为鼠疫的可能性很大。

县政府接到报告，当天便与当地稠城镇的各机关协议设立了防疫委员会，并在 10 月 11 日召开了义乌县防疫委员会紧急会议。会上决定了委员会的机构、预防注射的人员安排、隔离医院的设置、请求浙江省卫生处派遣人员、展开宣传活动等

---

① 选自向日本政府提起诉讼的中国民间诉讼团的律师团的调查报告。

项目。

13日以后，除义乌县卫生院，军政部防疫部队、卫生署医疗防疫队、红十字医疗队也进入稠城镇开展了防疫活动。其中，10月中旬军政部防疫部队进行了细菌检查，证实了传染病是鼠疫。

11月上旬，义乌县防疫委员会医务班也确证发生了“真性肺鼠疫”。1942年1月进行了对患者死者的血液、肝脏、脾脏的检查，检查的结果也是鼠疫阳性。

但是，义乌的防疫活动由于资金不足，没有及早封锁出现患者的地区，而且封锁也只是局部的，加上同时期比较重要的军事要地衢县鼠疫流行，在那里投入了较多的防疫部队人员，还有，红十字医疗中队队长刘宗歆因患鼠疫于12月30日死亡等等，因而防疫卫生条件极其困难。因此，鼠疫从县城北门一带扩展到县前街、东门一带的几乎全县城，并且还波及小三里塘、岭下、杨村等县城周围的地区。到1942年2月为止，因鼠疫而死亡的人至少有215名。

（7）细菌战造成的崇山村鼠疫灾害①。

义乌县城的鼠疫传染到邻近的东阳市（当时的东阳县），从1941年10月到1942年4月为止至少有113名死者。并且1941年年中开始的义乌农村地区的鼠疫流行到1942年猖狂起来，波及佛堂、苏溪、甘三里、平畴、青口、前洪、井头山、官塘下、崇山等村镇，一直到1944年出现最后一个死者为止，共流行了两年零八个月。包括义乌县城和县城周围的农村，义乌县因鼠疫死亡的人超过了900名。其中受害最严重的地方是江湾乡的崇山村。崇山村的住房极其密集，该村的鼠疫从1942

---

① 选自向日本政府提起诉讼的中国民间诉讼团的律师团的调查报告。

年 10 月开始猖狂地流行起来。该村的鼠疫患者被收容在村边的林山寺及村边的碑塘殿等处，国民政府的防疫队根本没有顾及到。到鼠疫流行终止的 1943 年 1 月为止，死者总数为 396 名，约占当时该村 1200 人的三分之一。

日军在崇山村鼠疫流行的当时，就确认了此传染病是鼠疫。

1942 年 5 月开始的浙赣战役，日军占领了义乌。9 月 2 日，在县城内设置了第 13 军 22 师 86 连的本部。浙赣战役时，随军进行细菌战的第 1644 部队的十几名队员也驻屯在义乌。

11 月上旬，上述 86 连队员和第 1644 部队调查班，几次到鼠疫流行的崇山村去确认“腺鼠疫疑似症”。于是近口食秀太尉和第 1644 部队调查班，把刚刚埋葬的鼠疫患者的尸体挖出来，用其肝脏制作了显微镜标本，并发现了鼠疫菌。11 月 16 日，在义乌调查鼠疫的南京第 1644 部队调查班，也证实了鼠疫的存在。

日军调查崇山村的目的有两个，一个是防止鼠疫传染给自己，另一个是用鼠疫感染者作活的实验材料。

为了实现第一个目的，日军烧掉了崇山村居民的住宅。日军在确认鼠疫存在的 11 月 16 日，决定烧掉崇山村的住宅，18 日派兵包围村子，放火烧掉了 200 多家 400 多间房屋。

为了实现第二个目的，日军解剖了活着的崇山村鼠疫感染者。为了确认鼠疫菌种，取出在人体中增强的毒性毒菌，在离村子中心两公里的林山寺，第 1644 部队队员进行了活体解剖。

（8）王丽向日本东京地方法庭递交控诉书。

1998 年 2 月 16 日，浙江崇山村受害者遗属王丽向日本东京地方法庭递交了控诉书，内容如下：

1932年，我出生在中国浙江省江湾乡崇山村，现在居住在崇山村附近的江湾镇。

1942年我10岁，像魔鬼一样的日本军队撒下了鼠疫的病菌，鼠疫在崇山村突然发生，并且迅速地流行起来。染上鼠疫的病人都有同样的症状，高烧、头痛、口渴、淋巴结肿大。发病以后短则一两天，长则五六天后，人就会死去。那时，每天都看见村子里有死人被抬出去埋葬，每天都听到这个人死了或者那个人死了的消息，最多的时候，一天村里死十多个人，人人感到朝不保夕，全村处于恐怖之中。我们村里三分之一的人口约400人死于这场鼠疫。有二十来户人家，是全家都死光了。

当时，我一家有七口人，其中有四人感染了鼠疫，我母亲、大姐、二姐和二哥。第一个发病的是我的二哥，他当时只有17岁，发病以后三四天就死去了。接着，我母亲和我大姐又发病，15岁的二姐也发病。二姐发病后不到三天就死了，我母亲和大姐侥幸活了下来。那时，我一家人病的病，死的死，真是惨啊！

正在到处都是病人的时候，日本军队进村了。他们穿着白色的衣服，带着防毒面具。这些日本军人强行把村民们集中到村内广场，任意对村民们的身体进行检查，并进行不明不白的注射。

还有，日本军队把许多病人送到村外山上名叫林山寺的古寺里面隔离起来。但是，日本军队没有给他们治疗，而是干了一些让人惊恐万分的事情。当时，一个年仅18岁名叫吴少奶的少女，活活地被日本人用刀解剖，内脏被挖了出来。后来，村中的一些人去收拾遗体，还发现缺手短腿的遗体。

以后，日本军队又进村，把村里许多房子都烧毁了。烧房的那一天，日本军队把村里所有的人都集中到后山的广场，架起机关枪，手持刺刀和枪支把村民们包围起来，然后在十几处点火。惊慌中的村民要救火，但日军开枪射击并用刺刀刺要去救火的村民，不让村民去救火。我们家也被烧了。当我们提出抗议时，日本人竟说要把我们扔到火里面去。村民们只能在持枪带刀的日本军队的包围中，眼睁睁地看着自己的家院被大火吞没。

到现在我还记得，初冬寒风中的广场上，男女老少一片凄惨的苦叫声，愤怒的咒骂声。村中大火熊熊，浓烟滚滚，整个天空像被烧焦了一样。房屋被烧的人家，家中的财产也就都被烧光。他们亲人死了，房子烧了，无吃无穿，无处居住，当时正是寒冷的冬天，许多人露宿田野，其苦万状！

这样，我们这个当时有1200人左右的村子，死了大约400人。侥幸活下来的人，也因为失去亲属、失去房屋、失去财产而不知去处。那真是悲惨啊！

在此之前，我们的村子和我们附近的村子从来都没有发生过鼠疫。造成这场鼠疫的，是日本军队对中国人民进行的细菌战争。

日本军队除了撒放鼠疫病菌以外，还像用动物做实验一样，用活着的村民做活体解剖。

我们崇山全村的村民以及附近村庄的村民，已经有大约1万多人参加了签名，要求日本政府谢罪和赔偿。1994年10月，我们向在北京的日本驻中国大使馆递交了“联合诉状”，但是，大使馆没有给我们任何答复，完全无视我们的要求。我们听说日本政府至今不承认日本军队曾经在中国发动细菌战争。这样，我们在有良知的日本朋友和律师团的帮助下，决定向东京地方法院提出起诉。

我们并不是为了钱财来日本诉讼的。首先，比任何都重要的是，我们要求日本承认日本军队曾经进行过细菌战争的事实，并且承担政府应该承担的责任，正式地谢罪。谢罪必须是属于国家政府性质的谢罪，要求给每一个原告一份书面谢罪文。对遭受了苦难的村民，日本政府应该以正式的形式真心诚意地谢罪。我们认为这是日本政府对于那些被践踏了人格、在苦难中死去的亲人和村民们应有的最起码的态度。

2. 1941 年常德地区的细菌战

1941 年春，第 731 部队第二部部长太田澄大佐，按照日本关东军司令下达的破坏中国军队占领的重要枢纽常德城以及铁路交通沿线地区的一项命令，又派出了有百余人，其中有 30 名细菌学专家参加的第二批远征队。

据当年参加常德鼠疫调查的叶天星教授说："常德是一个粮仓，是华中一带中国军队军粮以及四川大后方用粮的基地。如果用细菌战方法就可以封锁这个粮仓，老鼠随着运粮，将鼠疫扩散开来，甚至到四川大后方去，这（对日本）具有重大的意义。"

据 1992 年版常德县志说，1941 年 11 月 4 日，日本飞机在县城及石公桥、镇德桥等地空投带鼠疫菌的豆、米、布块，全县染疫死 242 人。

实际的详情是，1941 年 11 月 4 日晨 5 时许，一架日机于雾中在常德上空低飞，投下的不是炸弹而是谷、麦、棉絮及其他不明物，多落于城内关庙街和东门一带。直至下午 5 时，警报解除后，由警士搜集谷麦等物送请广德医院检验，认为有类似鼠疫杆菌之细菌。由于警报时间过久，跳蚤都已跳开了，所以未能找到跳蚤。11 月 11 日即空投后的第七天出现了第一例患者，关庙街居民蔡桃儿在广德医院就诊，两日内死亡，尸解

▲1941 年印制的“杀鼠如杀敌”预防鼠疫活动宣传画

认为是真性鼠疫病例。以后相继发现 8 例患者，其中第五例，经中国红十字会救护总队检验指导员兼军政部战时卫生人员训练所检验学组主任、鼠疫学专家陈文贵进行尸解，细菌培养和动物试验等，证明确实为腺鼠疫。从 11 月 4 日 ~25 日期间发现患者 44 例，死亡 40 例。次年即 1942 年该城又继发，全年发现患者 76 例，死亡 66 例。共计死亡 106 人。

（1）常德细菌战①。

1941 年上半年，日本陆军中央部、关东军防疫供水部（第 731 部队）、北支那防疫供水部（第 1855 部队）、中支那防疫供水部（第 1644 部队）等根据 1940 年实行细菌战的结果，对攻击方法、为细菌增产而扩充设施等问题进行了各种形式的讨论。并且，随着 1941 年 6 月苏德开战，在陆军准备对苏战争（至 1941 年 8 月）期间，第 731 部队企图增产用于对苏战争中传染鼠疫的跳蚤。

① 选自向日本政府提起诉讼的中国民间诉讼团的律师团的调查报告。

以陆军参谋总长的名义发布“大陆命”，决定再次进行细菌战是在9月16日。攻击对象选择了洞庭湖附近的湖南省西部战略要地常德，目的在于以鼠疫流行阻断国民党的交通。这次作战与上年一样，以第731部队和第1644部队为主，第731部队派遣了40至50名队员，作战人员共约100名。

11月4日，第731部队航空班的增田美保操纵九七式轻型轰炸机，在上午5时30分从江西省南昌的机场起飞，6时50分到达常德，从常德上空不到1000米高度空投了传染鼠疫的跳蚤和保护跳蚤的棉和谷物36公斤。

11月12日，发现了第一个鼠疫患者。到1942年，常德市区、郊区以及附近的桃源县流行了鼠疫。日军根据收集的情报认为攻击获得成功，对空投传染鼠疫的跳蚤更加有了信心。

（2）细菌战造成的鼠疫使常德人民受害①。

1941年11月，在湖南省常德市（当时的常德县，以下用原名）发生了鼠疫，第一年不仅市区（县城）发生鼠疫，还波及郊区和桃源县。这些地区在1941年以前没有发生鼠疫的历史。

11月4日，第731部队航空班的增田美保少佐操纵着儿七式轻型轰炸机，在县城中心的关庙街一带及县城东门附近，空投了传染鼠疫的跳蚤和谷物等。

由于空投的跳蚤直接咬了居民，常德开始流行鼠疫。从鼠疫潜伏期过后的11月12日开始，出现了鼠疫患者。住在关庙街的12岁少女蔡桃儿是第一个牺牲者。她被送进广德医院（长老派宣教医院），第二天死亡。该医院医师谭学毕和检查技师汪正宇已经检查了日本军用飞机空投的棉和谷物，发现了

---

① 选自向日本政府提起诉讼的中国民间诉讼团的律师团的调查报告。

与鼠疫菌在形态学方面类似的细菌，在解剖蔡桃儿时也发现了同样的细菌。

从11 月13 日到14 日有3 名呈高烧、淋巴腺肿大等鼠疫症状的患者死亡，所有的解剖结果里都发现了与鼠疫菌类似的细菌。

接到报告的国民政府，派遣了以鼠疫专家陈文贵（陈文贵是在1936 年应联合国卫生部的邀请到印度的哈福金研究所研究鼠疫的细菌学者）为首的调查队。陈文贵在11 月25 日解剖了前一天死亡的第五个患者（男，25 岁），经过细菌培养、动物接种等实验，在医学上证明了该患者患真性腺鼠疫，死于鼠疫菌引起的败血性感染。在这一时期，常德防疫处也开始工作，封锁了发生鼠疫的地区，设置了隔离医院和检查所，实行了预防注射等。

此后，鼠疫专家、国民政府卫生署外籍防疫专家 Pollitzer 于12 月21 日到达常德，开始了调查研究。他在12 月30 日致卫生署署长的报告中，根据所有观察和考察，也得出了常德最近的鼠疫流行无疑与11 月4 日飞机的攻击有关的结论。

由于常德县城的鼠疫流行，从1941 年11 月到1942 年1 月，至少有8 名患者死于鼠疫。

1942 年2 月，由于没有发现鼠疫患者，人们以为鼠疫流行已经终止了。但是常德县城（市区）里感染了鼠疫的老鼠开始增多，造成了第二次常德鼠疫流行。

从1942 年3 月到7 月，常德县城有34 名患者，28 名死者上报当局。但是，这些人只限于收容在医院和隔离医院的人，只是实际患者中的一部分。因为尽管鼠疫造成了死亡，但是家属怕自己也被医院收容，于是秘密埋葬尸体，因此没有上报当局的情况很多。

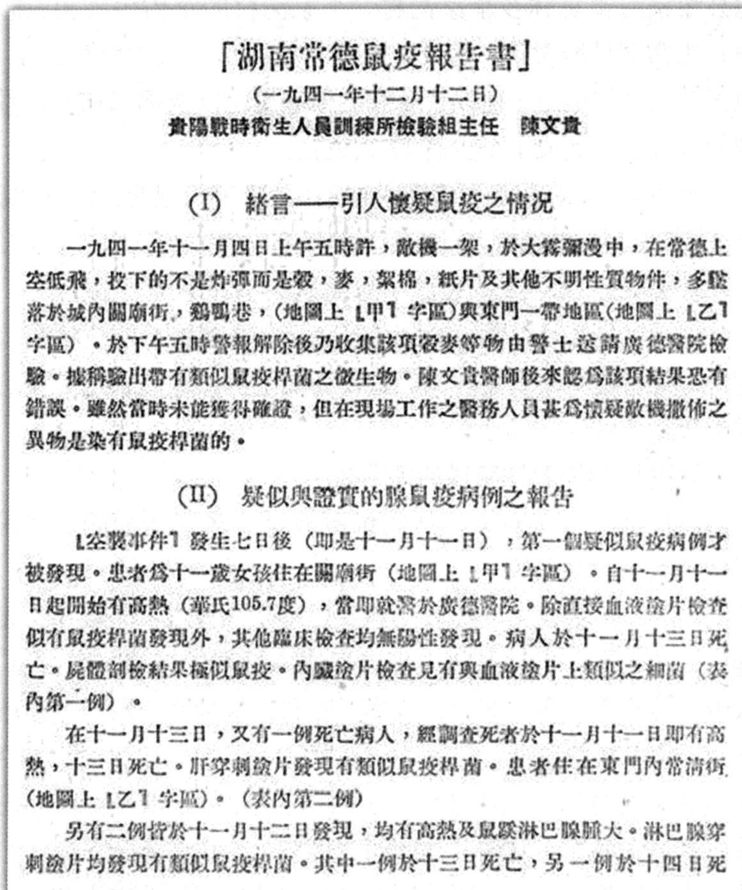

「湖南常德鼠疫報告書」

（一九四一年十二月十二日）

貴陽戰時衛生人員訓練所檢驗組主任 陳文貴

(I) 緒言——引人懷疑鼠疫之情況

一九四一年十一月四日上午五時許，敵機一架，於大霧瀰漫中，在常德上空低飛，投下的不是炸彈而是穀，麥，絮棉，紙片及其他不明性質物件，多墜落於城內關廟街，雞鴨巷，（地圖上【甲】字區）與東門一帶地區（地圖上【乙】字區）。於下午五時警報解除後乃收集該項穀麥等物由警士送請廣德醫院檢驗。據稱驗出帶有類似鼠疫桿菌之微生物。陳文貴醫師後來認爲該項結果恐有錯誤。雖然當時未能獲得確證，但在現場工作之醫務人員甚爲懷疑敵機撒佈之異物是染有鼠疫桿菌的。

(II) 疑似與證實的腺鼠疫病例之報告

【空襲事件】發生七日後（即是十一月十一日），第一個疑似鼠疫病例才被發現。患者爲十一歲女孩住在關廟街（地圖上【甲】字區）。自十一月十一日起開始有高熱（華氏105.7度），當即就醫於廣德醫院。除直接血液塗片檢查似有鼠疫桿菌發現外，其他臨床檢查均無陽性發現。病人於十一月十三日死亡。屍體剖檢結果極似鼠疫。內臟塗片檢查見有與血液塗片上類似之細菌（表內第一例）。

在十一月十三日，又有一例死亡病人，經調查死者於十一月十一日即有高熱，十三日死亡。肝穿刺塗片發現有類似鼠疫桿菌。患者住在東門內常清街（地圖上【乙】字區）。（表內第二例）

另有二例皆於十一月十二日發現，均有高熱及鼠蹊淋巴腺腫大。淋巴腺穿刺塗片均發現有類似鼠疫桿菌。其中一例於十三日死亡，另一例於十四日死

▲陈文贵湖南常德鼠疫报告书原件

由于根据调查老鼠的情况而预测到第二次流行，常德防疫处采取了对运出常德的物资进行检查、在交通要道设置检疫所、逐户进行预防注射等措施，国民政府事先也派遣了防疫部队。虽然在第二次流行一开始就进一步强化了防疫活动，但是还是没有阻止鼠疫波及常德郊区。

1942 年 5 月初，肺鼠疫传染到常德县城西北 22 公里的桃

源县漆家河镇莫林乡李家湾村。李家湾村的李佑生（男，55岁）去常德县城卖猪，感染了鼠疫，他回到李家湾就死去了。他把肺鼠疫传染给了他的妻子和其他家属，以及邻居和前来看望的亲戚等，造成了至少有17人死亡。

10月以后，鼠疫进而传染到离常德县城30公里的石公桥和离石公桥5公里的镇德桥。石公桥至少有43人死亡，其中，丁长发一家家属8人、雇工3人死亡，当时住在丁家的人无一生还。

由于鼠疫流行从常德县郊区扩大，加上桃源、石公桥及镇德桥，死者达100名左右。但是，如前所述，这仍只是鼠疫造成的实际死者的一部分。

3. 1942年浙赣铁路线的细菌战

1942年，日军对浙赣线的细菌战是一场大规模的、使用了多种战剂的细菌战。

当年，美军为了支援我国抗日战争，派出了16架B25轰炸机，从太平洋机动船队出击，轰炸了日本的东京、名古屋、大阪、神户等十多个城市，取得了胜利，返程路线取道我国浙江东沿海各机场降落。日军为了拔掉这一隐患，彻底消除我沿浙赣铁路线的三个机场（衢县、丽水、玉山），从东西两端夹攻，打退我驻军并破坏了机场和铁路线，将铁轨拆下运往东北。当撤出阵地时，日军使用了多种细菌战剂，从空中和地面撒布，使我军民死伤惨重。日军也误入染区遭受感染死伤1700人，也有传说为5000人。

（1）诉讼律师团的调查报告。

1942年的细菌战是在战争发生了新的转机时进行的。同年4月18日，从太平洋的航空母舰上起飞的美军轰炸机，首次空袭了日本本土，给日本政府和日军极大的打击。因为美军飞机预定在中国浙江省的城市着陆，因此同年3月，日军大本营急忙决定了攻击从浙江通往江西的浙赣铁路沿线的城市，破坏机场的作战计划，发布了“大陆命第621号”。这次浙赣作战是出动了第13军的6个师团和第11军的两个师团，共8个师团的大规模作战。

陆军中央和石井四郎（当时是军医少将）在这次作战中决定了实行细菌攻击。第13军司令官译田茂中将6月25日在战中记录写道：“关于动用石井部队，支那派遣军总司令部提出的反对意见没有被大本营接受。如果执行大陆命的话，作战只好秘密从事。”7月11日写道：“石井少将前来联络，听了他的报告觉得对其效果很难期待。没有效果又弊害甚多的作战为何继续实行，很难理解。”即是说，当时实行细菌战是作为机密作战，由大本营决定下来，当地的支那派遣军和13军的反对意见没有被采纳。石井四郎被任命为细菌战的前线指挥。

7月，哈尔滨第731部队派遣队到达南京，与南京的第1644部队的队员汇合，工作人员共150至160名，在8月初完成了实行作战的配备。这次作战与以前的空投不同，主要用在地上散布的方法。就是说，13军等日军完成了破坏机场的任务，除了一部分占领地区外，中旬开始撤退，在撤退的同时用各种方法散布细菌。其目的是使日军撤退后收复失地的中国军队的行军路线和城市据点传染病流行，无法再建机场。

日军在江西省的上饶（原名广信）和玉山，散布了传染鼠疫的跳蚤和注射了鼠疫菌的田鼠，在广丰也散布了传染鼠疫的跳蚤，并且在玉山试验了用播撒带有干燥鼠疫菌的米来感染前来吃食的老鼠的方法。在浙江省的衢州、丽水除了散布传染鼠疫的跳蚤，还散布副寒菌和副伤寒菌；在常山和江山用了把霍乱菌投入水井、附在食物上、注射进水果里等等方法。由于这些有预谋的地上细菌散布，上述城市出现了霍乱、鼠疫等多种传染病。

（2）细菌战造成的江山霍乱受害①。

江山市（原江山县）在浙江省邻接江西省的地方，是浙江省最边缘的城市，在浙赣铁路上与江西省玉山市相邻。日军在 1942 年浙赣战役时，对该地区进行了细菌攻击。

日军在浙赣作战中，1942 年 6 月 11 日占领了江山，8 月 21 日撤退。撤退时日军从县城附近的清湖到县城之间的一带散布了细菌，造成了许多受害者。散布的细菌同常山一样是霍乱菌，用了直接投入水井、附在食物上、注射到食物里等三种方法。其中，第二种方法使用的是饼状食物，江山的人们绝没想到这是日军细菌战的方法，吃了拾到的饼而受害。例如，县城近郊察家山村的郑莲妹（女，1933 年生）的养母（52 岁）吃了邻居送来的饼状食物而引起腹痛，并发展为上吐下泻，并由泻水而引起脱水症，脸色发青，第二天夜里死亡。她的症状呈典型的霍乱症状。

霍乱的流行造成江山至少 80 人死亡。

① 选自向日本政府提起诉讼的中国民间诉讼团的律师团的调查报告。

华南（广州）波字第8604防疫给水—细菌战部队

◎ 广州第8604部队内幕

广州侵华日军华南防疫给水—细菌战部队，代号为波字或海浪第8604部队，对外称南支那派遣军防疫给水部队，是1939年和华北、华中同期建立的三大防疫给水部队之一，隶属于日本陆军参谋本部第九技术研究所（登户研究所）下的谋略（暗杀）部队，因此它的性质是明确的，不是一般的防疫给水部队。

该部队设立于广州市中山二路的中山大学医学院（现为中山医科大学）及其附属的医院。

该部队总定员1200人，并在华南的大中城市设立了12个支部。部队长先后由田中严大佐、佐佐木高行中佐、佐藤俊二大佐和龟泽鹿郎大佐出任。

广州细菌战部队的内部情况，多年来一直是一个空白。直到1994年，在日本举办第731部队罪证全国展，感动了该部队成员丸山茂，才揭露了该部队的罪行。

但日本个别人士认为他是伪编的，因此他于1995年7月下旬亲自到广州进行核实。同来者有常石敬一教授、糟川良谷

▲侵华日军细菌部队波字第 8604 部队旧址

等专家和日本电视台、报社记者等。丸山茂能熟练认出旧日的各地，并采访了各知情人和证人，证言基本上是一致的。为此广东电视台配合这次调研，拍摄了“广州波字第 8604 部队内幕”电视片，在广东电视台播放。日本东京电视台也播放了在广州采访的新闻，是一项珍贵的历史见证。丸山茂说：

人们都是从书刊、报纸和电影中了解日本侵华战争中的情况，但是几乎没有看到当事人的真实的坦白交代。很多日本人不清楚其父辈在侵华战争中做了些什么，所以对过去的战争不能作出真实的自我反省，而都是形式上的肤浅表示。这样就不能体察到各邻国人民所遭受的痛苦，也不知道各邻国人民对旧日军的恐惧怨恨心理，往往被“作出国际贡献”等口号所欺骗，而提出修改战后和平宪法和向海外派兵等要求。

战争是非道义性的，为了防止再次侵略他国，现要将鲜为人知几乎被埋没掉的大量香港难民死于细菌武器的罪行揭露出来！

这次细菌战的起源是由日军占领香港所引起的。1942 年 1 月，香港日军逐出市民企图征收香港、九龙的粮食和物资，市民深受缺粮之苦。这时日军发出告示说给回乡的市民发粮。几天后成群的难民由陆路回到深圳，在那里领到粮食后，各自回乡离开了日军占领地。

▲被日军当作细菌试验品的粤港难民的墓碑

当时我在香港担任攻占军殿后任务的部队里，驻在深圳，所以看到拿着一点包袱、背着孩子、手携着孩子越过境而来的三三五五的人群。从海路回乡的人更多些。

其中有一群人逆珠江而上，往广州方向而去。日军以保护广州市的治安为借口，不让这些人进入广州市，而收容到滩石头难民收容所，进行了卑鄙无耻的细菌战将他们杀害。

1995 年 11 月 4 日，丸山茂出于内心的不安，特再次来广州，向新树立的死于日军细菌武器下的无辜粤港难民之墓碑献花圈，念经读祭文，烧香叩首请罪。并和广东电视台会面，讲了更多的实情。丸山茂患有严重心脏病并装有体内起搏器，他不顾自己的安危，自费来华，情感至深，十分感人。广东电视台特将他的表现和谈话进行了摄像记录，交由中央电视台记者刘爱民插入他的“新闻调查”节目中播出。

◎ 广州日军细菌战部队的组织情况

丸山茂说：

当时我是广州波字第 8604 部队第一课细菌检验班长，部队对外称是华南防疫给水部，（当时）部队长是佐藤俊二（军医大佐）。该机构较为庞大，是配属 1200 多名专业人员的师团级单位。本部下设六个课，其中专业将校 100 人。

总务课，是后勤保障、人事、财务管理部门，由熊仓少佐任课长。

第一课，是细菌研究课，由沟口军医少佐任课长。本课下设庶务班、研究班、检验班（主任佐藤大尉）、培养基班、消毒班和动物班，共约 80 人，其中将校官 10 人，中国劳工

7人。

第二课，从事防疫给水研究，江口卫生少佐任课长。

第三课，从事各种传染病治疗的研究工作，由小口军医少佐任课长。

第四课，从事鼠疫培养和病理解剖，渡边军医中佐任课长。该课是用铁丝网围起来的，禁止与外部人员的一切交往，食宿等一切生活都在里面进行，很可怕。只有晚上点灯时才能看到里面的一些情况，里面的棚子里挤满了汽油桶。有时从外面运来很大的行李，连哨兵也不能看到里面装的是什么东西……第四课地下室有很多福尔马林浸泡的尸体，第四课课长每天都进行解剖。大汽油桶里面盛着收集到的做鼠疫实验用的老鼠。

第五课，是器材供应部门。

其本部、部长室、总务课、第一课、疟疾研究室、动物室均在现为中山医科大学图书馆旧楼（两层，另有地下室或称地库）的地方，第二、三、四、五课，经理部、宿舍、酒吧、细菌培养室检验班、饭堂、马房等均在旧图书馆附近，也包括现中心医院部分地方。

◎ 广州第8604部队对香港难民在广州进行的细菌武器大屠杀

丸山茂说：

我是听我的同事名叫的场的好友说的，从此才知道收容所内充满了危险。他把我领到珠江边无人的地方，说了以下这番话。他说：我做的事只能你一人知道，至死也不能说出去。

日军认为难民太多，在广州无法收容，就命令用细菌杀害他们。我的同事的场不幸被任命办理此事。

最初他在收容所里的四个井里投放了伤寒、副伤寒菌，但难民们不喝凉水，食物也只吃煮熟的或炒熟的，所以没有成功。

这时部队长从东京军医学校用飞机送来了沙门氏菌[①]，指使他将其投放到饮用汤里。一般肠道菌是不耐热的，在45℃下5分钟内就会杀灭掉。食堂的汤一般都超过60℃，想降到43℃以下就需要时间。

事先将做好的汤倒在桶里，放在食堂阴凉处，用温度表测下降的温度，以达到适合放菌的温度。具体作业时间选在省政府职员没有上班前的早饭时间，利用难民中的混乱，推迟上汤的时间，在难民们不知不觉中完成了细菌投放。

计算汤的温度下降的时间是挺麻烦的，不过这个方法成功了，在那天夜里就开始出现了病人。感染沙门氏菌的死亡率很高，陆续出现了死亡者。死尸由省政府负责埋掉，但没有埋葬的地方，只好在死尸上面再叠上死尸，最后连埋死尸用的土也没有了。

这就是的场说的大概内容。那时的场的脸被泪水流湿了。他说，不能对任何人讲诉被恶魔吃掉心的痛苦，也不能喝酒大醉一场，在一个人的宿舍里经常做噩梦。对我说了心里话他觉得就好受些。

丸山茂又从日本宪兵队里听来的消息说，一些难民吃了有沙门氏菌的汤，仍有的不发病或只有轻微的症状，但不要紧，仍可利用他们，赶他们回乡，去感染后方的抗日军民。

---

① 一种副伤寒菌——编者注。

1. 关于杀害难民的人数问题

广东省社会科学院沙东迅教授根据丸山茂提供的线索，进行了调研。

香港索偿协会发言人吴溢兴回忆当年说："当时香港有160万人，当中30余万人为了逃避战火，纷纷北上广州……较早前新闻报道说，当时日本军曾在广州设有一个细菌实验室，这并非一个传闻。事实上当年不少市民从广州返回香港之后，都向我斩钉截铁地说，此事确实存在，死亡人数不知多少。"

▲大批香港难民集结在上环一带的码头，准备登船前往广州。

广州死亡的难民确实太多了，这些无辜惨死的难民葬在哪里？他们的尸骨去向又在哪里呢？

正如前面所揭露的，难民所内用砖和水泥建了两个并排一起的化尸（骨）池，每个大约20余平方米，高约4米，体积约80多立方米，两个共160多立方米。就是这两个化尸池都无法及时处理尸体。为了腐尸奇臭的气味不让所外人知道，日军只好要求伪省政府人员出面雇用了6名抬尸人，分3张帆布床，加上一辆板车（2名拉车人），赶运难民尸体到附近的邓岗（即现在南箕路一带，属广州造纸厂）。

当时的目击者广州海珠区南箕村68岁的村民黄有说：

1942年初（冬天，天气很冷），有许多香港难民坐船返广州，先在检疫所检验，结果大部分难民被收入难民收容所（即以前的惩教场）。不久许多难民病死，有6个抬尸人（我认识其中一人，已逝世），用帆布床抬尸体出来，在现在南石头派出所南边，每次1至3个尸体，男女老幼都有，有的嘴巴还会动，没断气也都一起埋了。每次挖一个坑，叠起来埋六七个尸体，之后又在旁边再挖坑，周围都挖满了，大约有成千个尸体。沿路长有100多米，宽有20米左右，都埋了尸体，难民所的难民基本死光了。新中国成立后在难民所见到一个水泥池（无水的，约4~5米长宽）（即化尸池），里面有许多头骨和骨头，非常可怕。1953年、1954年，广州纸厂建平房宿舍时，挖出许多骨头。……1982年后拆平房起楼房，挖墙基时又挖出许多人骨头，这些尸体90%以上是从难民所搬出来的……

1951~1955年广州造纸厂基建负责人梁时畅提供了情况：1953年开始在南石头邓岗进行职工住宅工程建设，当地面有主及无主坟迁移完毕后，挖掘南箕路两侧地段时，不超过0.5米便有无棺木的白骨，零乱与残缺不全，色白、很脆，似是久经风化。胫骨较多，成型的肋骨、颅骨数少，碎骨也为数较多，层层叠叠，每层有黄土30厘米隔开，混有人骨的厚度有2厘米~40厘米。由地表面，深至2米内，均见及，其数量之多，无法估计。当时只作原土处理，运往要填土的地段，夯填了事。曾向老农民了解，这是日军侵占广州后，由附近的惩教场（即难民所）抬来埋的。他还提供了当时的地形图。

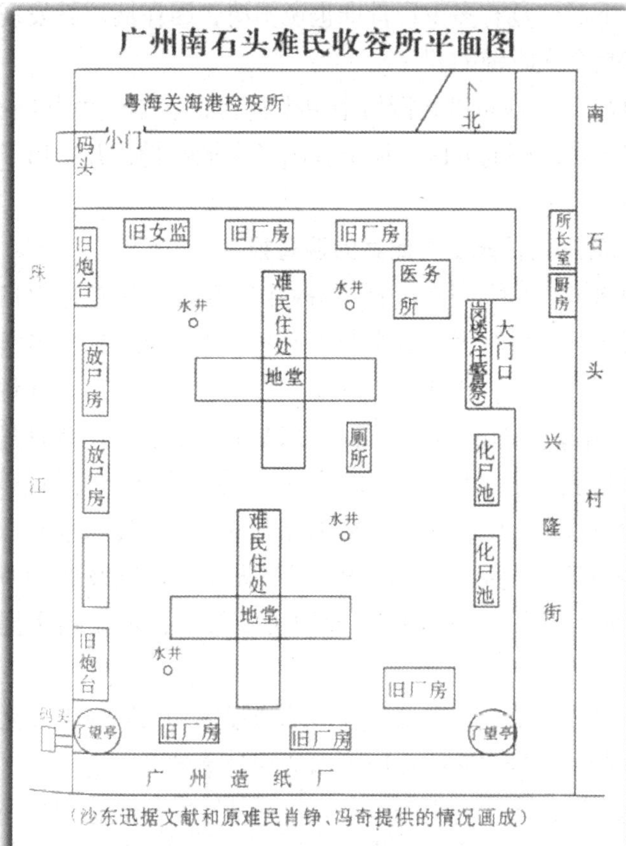

▲沙东迅根据调研结果绘制的南石头难民所平面图

到了 20 世纪 80 年代，又有新的发现。广州纸厂原基建办主任沈时盛写道：“我厂于 1982 年以后，在南箕路地段建职工宿舍时（此时是拆旧平房建新楼房），因挖基地，发现大批尸骨共三四批，每批约 100 多具……当时多数挖到 1 米多深就发现成片尸骨，杂乱无章……后由民工运到广州太和和增城腊埔的山区安放，每具尸骨（按头骨计）给安放费10多元……据过路的老人说，是抗战时期南石头难民所运来填埋的……现在宿舍楼下面究竟有多少尸骨谁也说不清，因在墙坑就发现这么多，确是令人吃惊的。”

1997年，沙东迅教授与中央电视台记者刘爱民共同努力，最后终于在广州的郊区山坡上找出了大批尸骨，并拍摄了电视新闻片。

2. 糟川良谷先生对此案的调查报道

1938年10月，日军占领当时中国政府的所在地汉口，又向广东侵略。日军大本营遵照9月19日发布的“大陆命第201号”，派第21军（波集团）于10月22日占领了广东（现广州市）。于第2天即10月23日，第21军司令部（司令官是古庄翰郎）进驻中山医科大学，25日将司令部置于东郊执信学校，而在中山医科大学设置防疫给水部即南支那防疫给水部（波字第8604部队）。关于波字第8604部队的罪行以及他们所进行的细菌战实况，在此以前，人们所知甚少，本稿初次揭露其实况。

原广州细菌战部队成员丸山茂揭露关于第8604部队使用由东京军医学校运来的沙门氏菌的罪证事实。

据查证，多数香港难民被杀害是从军医学校运出的革兰氏阴性菌沙门氏类伤寒菌所造成的。军医学校对包括革兰氏阴性菌在内的肠炎菌[①]的研究不仅取得成果，而且已经达到实验阶段。沙门氏菌所造成的食物中毒，在1935年5月就已经发生在滨松。在大幅饼中毒事件时，军医学校成员曾经前往现场。当时记载了40名患者和24名死者的情况。

---

① 肠炎沙门氏菌——编者注。

军医学校对沙门氏菌作了许多研究，它是“军事防疫学”系统的研究课题，也是在细菌战方面的实际成果之一。

通过南石头难民收容所的原部队成员的证言和现场证言，可以推测日军进行细菌战和大肆屠杀的情况：利用从军医学校运出的革兰氏阴性菌虐杀香港难民，同时造成带菌者，把这些带菌者“释放”到中国内地国民党军营和村镇中以扩大感染。这意味着人体试验与细菌战是同时进行的。

沙门氏杆菌的潜伏期因菌种不同而有所异，从 6 小时至 48 小时不等，症状是恶心、呕吐、泻肚、腹痛、发烧，尤其是有严重的泻肚症状，大便呈水状，病愈者和无症状者也继续保持带菌状态。无症状带菌状态，长者可以持续几年，在此期间，病菌一直附着在小肠上。看来日军利用了沙门氏杆菌的这种特性进行了细菌战。这一方法与以第 731 部队为中心的细菌战联合部队于 1942 年 8 月在浙赣战役时对玉山市附近的中国俘虏（约 3000 人）及后方地区实行细菌战的方法是一样的。为了造成肠伤寒菌的长期带菌者，日军给那些俘虏分发注射伤寒菌的馒头，然后将他们“释放”。

其次是鼠疫跳蚤的生产与实践中的使用问题。据金原节三（陆军省医务局医事课长）所著《陆军省业务日志摘录》（防卫厅防卫研究所图书馆藏）记载，1943 年 4 月 17 日，医事课会报记录《木（读作 ho）号商议》（在参谋本部木号意味着细菌战）中载有各防疫给水部队与军医学校的报告。其中，南支那防疫给水部队报告道：“甲，饼（即老鼠），每月 1 万只，月产 10 公斤，7～8 月发生率不良。乙，从 2 月补充供应，迄今补充 2 万只。”

从原第 8604 部队成员的证言可知，波字第8604 部队本部（中山医科大学）第四课（图书馆后面）已经生产了鼠疫跳蚤。在这里生产的鼠疫跳蚤从白云机场或者天河机场向外空运，对此没有怀疑的余地。

《井本日记》在1942年9月12日有关于“昭和17年木号指导计划”的记载，所举攻击目标有昆明、丽水、玉山、衢县、桂林、南京等六处。其中昆明、桂林、南宁距天河机场颇近，可说是最短距离。该日记7月26日又记有“对赣州、建瓯等的攻击可于开战以前从低空实施，但是（对桂林、衡阳的攻击）可与战斗轰炸同时实行”。这就是说，1942年浙赣战役时，日军从空中向玉山、衢县、丽水等浙赣铁路沿线散布了细菌。另一方面，从天河、白云两个机场往距广州最近的赣州（约300公里）、建瓯（约500公里）、衡阳（约400公里）、桂林（约350公里）等地运送和散布鼠疫跳蚤的可能性极大。正如该日记7月26日所述，对于赣州与建瓯的空投细菌，这是业已实行了的，而对于桂林、衡阳等地，则是“与战斗轰炸同时实行”（即在战斗轰炸开始的时候）的。

值得注意的是，正如史料所述，沙东迅先生在广州市档案馆发现了南支那防疫给水部队1944年绘制的《传染病发生概观图》。这是由防疫给水部队调查组进行调查，并把调查结果作为《兵要卫生地志》加以图示的。可以看出，日军通过所侵略之地的医疗设施（包括大学）收集了以往有关当地的传染病、地方病的文书之后，绘制成了这一个概观图。

《兵要卫生地志》对以往福建省传染病的发病情况以及生活、卫生状况、医疗设施等记述甚详，这与采用“适当”的细菌战战术是密切相关的，因为详细了解了该地方病与传染病史，日军就可以把鼠疫的扩散伪装成自然流行的样子，以此欺瞒公众。

这个概观图记录了福建省一带的鼠疫发生情况以及其他霍

乱、伤寒、登革热等传染病的发生概况。由该图可知，福建省的鼠疫早在 19 世纪后半叶已在以福州、雷州半岛为中心的地带发生过。当时参与防疫活动的王毓榛先生（1991 年浙江省防疫站负责人）说，19 世纪后半叶福建省发生的鼠疫是以世界性流行为背景的，并且在云和一带不再蔓延。也就是说 1942～1943 年，鼠疫在福建省内地的急增显然是日军实行细菌战的结果。

除此而外，从原第 8604 部队成员的证言可以知道，该部队于 1941 年参加了福州之战，他们挖出尸体进行了鼠疫的鉴别诊断；1941～1942 年，该部队参加了香港之战，该部队与南方军防疫给水部（新加坡）之间有过人员调动等。

◎ 华南地区的细菌战

日军不仅在广州进行细菌战，而且广东各地，特别是当时广东省临时省会韶关及粤北地区，是其进行细菌战的重要目标。

1937 年 11 月 7 日，日机 3 架，由唐家湾起飞，在广九铁路附近投弹并散播白、绿、黄色药粉。经搜集研究，全系毒质，并有肺痨病菌。

1939 年 6 月 1 日，据中国铁道部运输司令钱宗泽电称：敌派汉奸冒充难民，携带热水瓶，内藏霍乱、鼠疫菌，潜入粤、桂、滇、蜀，散发于我国陆地水质（源）中，其派往重庆、桂林、西安、金华、韶关等地的已分由海南岛汕头、汉口等地出发，第二批不久即赴长江各地。

1939 年 10 月，顾祝同致何应钦电文说，敌派细菌、化学战专家 30 余人来沪转往晋、鄂、粤等省任指导。

1939 年 4 月，第 8604 部队派 15 人到海南岛定安县进行鼠疫调查，为进行细菌战做准备。①

1938 年至 1939 年间，日机常轰炸广东省阳江县，有几次日机来袭，并未投炸弹，扔下来的是含胶粘的棉花，吊悬在电杆上、电线上、树上，散在地上、田野间……原来这些棉花含有霍乱菌，而棉花上的胶体，是培养细菌的培养液，它是由琼脂做成的培养基。到 1943 年夏天，霍乱像洪水猛兽般疯狂流行着。这一年因患霍乱而死的人，两广、福建一带，总数不下百万。据乡间老一辈人说，历来霍乱死人从没有那样厉害。……这一年阳江因霍乱而死者不下千人。报载广西一个 130 余人的村子，死了 70 余人……②

---

① 见《大东亚战争陆军卫生史》。

② 见陈慎旃：《日寇用细菌残杀华南同胞，我就是见证!》，载《南方日报》1951 年 4 月 8 日。

伸张正义　诉讼日本

◎ 诉讼日本索赔始末[①]

1997 年 8 月 17 日，一支由 10 人组成的中国民间诉讼团，带着一份浸透着血泪的诉状来到日本，正式向日本东京地方法院提起诉讼，控告日军违背 1925 年制订的《日内瓦公约》，对平民使用了细菌武器，要求日本政府向细菌战受害人及其家属赔偿损失。

1. 日本政府拒不承认

战后很长一段时期，中国受害者均处于起诉无门的境地。诉讼最为关键的问题是，中国众多受害者明明知道日军散布的细菌，但日本政府至今不承认实施过细菌战。日本现在没有国家信息公开法，许多政府资料即使战后经过 50 多年仍不公开。战后日军的细菌战资料为美军缴获。1986 年，在美国下院复员军人委员会赔偿委员会上，国防部档案管理部部长哈切证实，有关第 731 部队的资料在 20 世纪 50 年代后半期已经还给日本。据日本国会图书馆调查，这些资料先交给外务省复员局，后又移交给防卫厅战史室，现在日本政府仍拒绝公开。

---

① 摘自《南方周末》记者刘迪的报道。

2. 没有结束的战争

第二次世界大战结束整整53年了，但是，在许许多多人的内心深处，那场惨痛的战争仍在继续。

在这个引人注目的诉讼团中，有一个具有特殊身份的人，他就是原宁波市医学科学研究所所长、细菌学家黄可泰。

他此次随同诉讼团赴日负有一项特殊的使命，他要以自己的研究成果为诉讼团提供确凿有效的证据，揭露日本军国主义当年在宁波等地所犯下的丑恶的不可饶恕的罪行，从而为那些死去的同胞伸张正义。

1991年，日本学者森正孝来到宁波，与黄可泰作学术交流。他不仅给黄可泰带来了日本学术界研究细菌战的成果，同时也带来了发自日本的正义之声。他们鼓励中国受害者向日本政府提起诉讼，讨还公道！

黄可泰曾感慨地说："日军的兽行令人发指，日本政府的态度令人气愤，而日本的正义之声却令人感动。"所以，他非常诚恳地表示，一定要把日本军国主义所犯下的罪行与日本人民区别开来。

1993年，中央大学教授吉见义明、立教大学讲师伊香俊哉，在日本防卫厅防卫研究所图书馆，发现了支那派遣军参谋井本熊男的工作日志，井本日志记录了日军在中国浙江省衢州、宁波、江山，湖南省常德等地实施细菌战的经过，是本次诉讼的主要依据资料。但现在该资料在防卫厅图书馆已被停止借阅。

1996年8月，一支由30多人组成的"日本细菌战调查团"来到中国，进行实地取证。团长森正孝是日本静冈县一所中学的历史教师，富有正义感，并长期从事日军在中国进行细菌战的研究工作。调查团成员中有律师、历史学家、医学教授和大、中学校学生。

调查团冒着酷暑，到宁波、义乌、金华等当年日军实施细菌战的地方访问取证，积累了丰富的材料。调查团成员一濑敬一郎律师诚恳地说："我们来中国，就是从法律上对细菌战这一战争罪行进行确认，帮助那些深受细菌战之苦的中国民众。"

据报道，目前在日本进行的战争遗留问题索赔诉讼有近30个，这使一大批具有正义感的日本律师和学者也参与其中。为此他们还专门成立了"战后赔偿诉讼律师团"。他们为了进行诉讼，成年累月地义务赴中国调查研究，这是有良知的人们为中日历史性和解而作的努力。

近一年半来，原告律师团做了大量的调查，仅一濑敬一郎先生本人，就来中国10次，访问了大量受害者及中国学者，查阅了如山的资料。现已查清的日军细菌战在浙江具体受害者至少2096人。这次提起诉讼的仅是受害者的一小部分。

▲细菌战原告团在东京举行示威

3. 依法索赔　铁证如山

一濑律师说，日本在中国研究制造细菌武器，均是根据日军中枢部的指示进行的国家犯罪。

为了这次诉讼，律师团前后共对 1000 人进行了调查，其中包括日军细菌战受害者、原日本军人和各国的研究人员，获得了相当大的成果。

日军在中国犯下的罪行，是国家施行的犯罪。细菌战是国际法禁止的行为，细菌战的结果是中国的一般居民出现大量死亡。原告律师指出，战争犯罪必须赔偿，不论从国际法上看还是从中国法上看，中国居民均有这个权利。

一濑律师指出，从历史上看，不论任何战争，受到最大损害的还是个人而非国家。从日军侵略中实施的细菌战争受害者情况来看，战后 50 余年，他们不论在精神上还是在身体上，所受的损害均未得到恢复与补偿，仍承受着巨大的痛苦。根据法律，日本政府均有责任尽早赔偿这些受害者。

日军第 731 部队实施的细菌战是海牙陆战条约第 3 条禁止的。1911 年，日本批准了该条约。一濑律师指出，根据这项国际条约，受害人可向日本政府提出损害赔偿。1925 年，日本还批准了日内瓦协议，这个条约也禁止使用细菌武器。一濑律师说，这个诉讼可能要持续很久很久，我们要做好准备，因为他们不肯承认自己的犯罪行为，也就无法开拓新时代。

对侵略战争的态度问题是块试金石，它时时刻刻在考验日本政府对维护世界持久和平的诚意。

1997 年 7 月 25 日，美国众院 17 名超党派议员向众院提出议案，要求日本政府就在第二次世界大战中犯下的一切战争罪行进行正式谢罪，并赔偿被害者损失。在这项议案中列举了南京大屠杀、从军慰安妇、第731部队的人体实验、对美军战俘虐待等，并认为，德国政府正式对二战中残杀犹太人表示谢罪，相比之下，日本政府态度消极。

4. 维护民族尊严的一天

黄可泰特别介绍了他们1997年8月15日那天的行程，这天刚好是日本战败投降52周年纪念日。

是日，他们正在大阪。早上10时，诉讼团一行应邀来到日中友好会馆，参加一个由日本反战组织发起的集会。在会上他上台演讲，神情激动地诘问道：14世纪欧洲鼠疫的罪魁祸首是四条腿的“鼠”，而20世纪亚洲鼠疫的罪恶元凶竟是两条腿的“人”——这是物种的退化，还是历史的倒退？

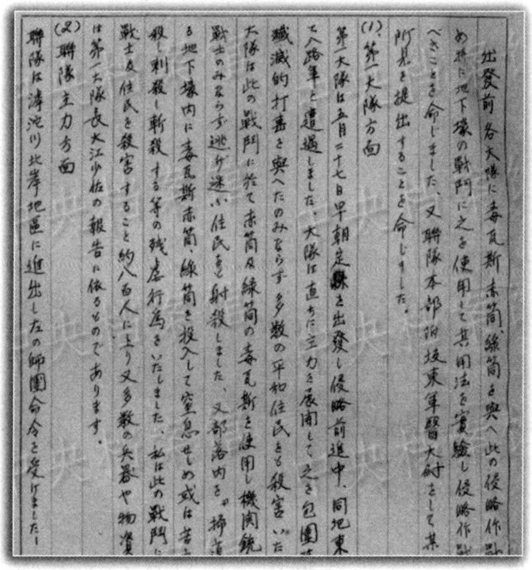
出發前各大隊に毒瓦斯赤筒、緑筒を與へ此の侵略作戦
め特に地下壕の戦闘に之を使用して其用法を實驗し侵略作戦
べきことを命じました、又聯隊本部附技東軍醫大尉をして其
所見を提出することを命じました。
(1)、第一大隊方面
第一大隊は五月二十七日早朝定縣を出發し侵略前進中、同地東
で八路軍と遭遇しました、大隊は直ちに主力を展開して之を包圍
殲滅的打撃を與へたのみならず多数の平和住民をも殺害いた
大隊は此の戦闘に於て赤筒及緑筒の毒瓦斯を使用し機関銃
戦士のみならず逃げ迷ふ住民をも射殺しました、又部落内を掃蕩
る地下壕内に毒瓦斯赤筒、緑筒を投入して窒息せしめ或は害
殺し刺殺し斬殺する等の残虐行為をいたしました、私は此の戦闘に
戦士及住民を殺害すること約八百人に上り又多数の兵器や物資
は第一大隊長大江少佐の報告に依るものであります。
(2)聯隊主力方面
聯隊は滹沱河北岸地區に進出した、師團命令を受けました—

▲上坂胜笔供原文截图，自述1942年5月27日在冀中作战中使用“赤筒”“绿筒”化学武器。

下午1时30分，森正孝等3名日方学者上台发言。正在此时，台下的翻译递给黄可泰一张报纸，当天的《朝日新闻》上，刊登了东京大学历史教授藤冈信胜写的一篇文章。此人在文中大放厥词，竟公然否认细菌战、南京大屠杀等血淋淋的史实。黄可泰看到这里，激愤难抑，拍案而起。他马上进行补充发言，让在场的记者们传话给藤冈，他愿意在任何时候、任何场合与那位“历史学家”展开辩论。黄可泰慷慨激昂地说：“对这种面对着确凿证据还说谎的无耻之徒，有什么可怕的，因为历史的真实就掌握在我们手中！”

大会结束后，黄可泰回宾馆打开电视机，但他看到的却是一则令人气愤的新闻：部分日本内阁官员于当日参拜了靖国神社。

对此，黄可泰说：“日本国内对于战争的认罪态度分歧很大，看来这场诉讼将会十分艰苦。但无论如何，我都会尽力去打赢这场官司。”

◎ 诉讼原告团代表的发言　1998年2月16日

我叫王选，1952年8月6日出生于上海，是本诉讼中日军细菌战受害者之一，中国浙江省义乌市崇山村的原告。崇山村是我父亲的故乡，1942年，日军细菌战引起村子里鼠疫流行，396个村民死于这场鼠疫。我祖父亲的家庭中死了8个人，我的叔叔也死了，当时13岁。

1969年中国“文化大革命”的时候，我作为知识青年，从上海下放到崇山村，和村民们一起生活了近4年。末日般的鼠疫灾难，强奸、抢劫、勒索、撒毒、放火、活体解剖，无恶不作的日军的凶残，埋在村民们记忆中的恐怖、悲伤和愤怒，是我，一个农民的子孙，在青少年时代从他们那儿受到的历史教育。

1987年，我为学习战后经济成功的日本，来日本留学，先后在日本的三重大学和筑波大学学习。这10年里，我一面和日本人民一起经历了日本社会激荡的变化，一面切身地感受到，在中国差不多的人都知道日军侵华所施行的种种残虐的暴行，而在日本差不多的人都不知道。其间，1995年8月，战争结束50周年的时候，仿佛命运之神的安排，我和一些去崇山村调查细菌战受害的日军后代们相会。从那时起，不分四季，与他们并肩一起，去崇山村以及其他细菌战受害地进行受害情况调查，研究学习细菌战的历史事实至今。

今天，我作为本诉讼108名原告的代表，在此陈述意见。

我们108名中国原告，是战争中日军第731部队在中国浙江省、湖南省进行的细菌战受害者以及受害者的遗属。我们以日本政府为本诉讼的被告，要求日本政府作为日本国家的责任者，正式承认日军细菌战的历史事实，向中国人民谢罪，并对这一战争犯罪造成的损害承担战争责任。

众所周知，50多年前，日军作为国家政策实行的细菌战，在当时即为国际法所禁止的战争犯罪。战争失败之前不久，日本政府隐瞒了这一罪行。战后，又由于日本政府和美国对这一战争犯罪的隐蔽，在1946年东京远东国际军事法庭上，这一理应受审的细菌战犯罪，并没有受到审判。但是，正义必定惩罚罪恶。

这场历史性审判的开庭，是许许多多中国人民与坚持反对日军侵略战争的各国人民（包括日本人民）长期以来努力的结果，是许许多多坚持揭露细菌战历史事实的日本知识分子以及旧日军有关人员长期以来努力的结果，是我们的辩护团的努力的结果。中国人民为富有良知的日本人民的努力所表明的人类追求真理正义的精神力量所感动。他们的努力为改变当时日本的国家政策——侵略战争所造成的日本人和中国人的敌对关系作出卓越的贡献，他们的努力是带来真正的中日友好关系的希望。为此，我们代表中国人民，向他们表示由衷的敬意。

我们以日本对中国的侵略战争作为两国的历史，两国人民应该共同地去认识为起点，将使这场审判成为揭露日军细菌战的历史事实的过程；我们以日本对中国的侵略战争作为两国的历史，两国人民应该持有共同的认识为目标，将使这场审判成为在历史事实的基础上，建立正确的历史认识的过程。我们主张，日本和中国人民基于历史事实，对于战争正确的共同的认识，才是日本和中国相互理解以及真正的友好关系的前提。

这场审判从起诉以来，受到日本、中国和世界人民的关注。受到关注的原因是这场审判在审判本世纪最大的国家犯罪之一，在审判人类历史上没有过的残虐行为。在关注之中，这场审判将越过法庭，越过海洋，越过国境，越过时代而产生影响。所有与这场审判有关的人，在什么样的位置上，起什么样的作用，都将在历史上产生意义，在历史上留下来，受到历史的检验。我们原告团将和辩护团以及支持我们的诉讼的日本、中国和世界人民团结起来，伸张受害者作为人的权利和尊严，进而维护人类的尊严；揭露细菌战的罪恶，进而维护正义；控诉细菌战的非人道，进而维护和平。这是我们原告团在这场审判中所处的位置和将起的作用。

日本政府在这场审判中所采取的立场是作为日本的责任者，正式地承认日军细菌战的历史事实，承担战争责任，向战争的受害者谢罪，挽回受害。

日军第731部队，把14世纪毁灭了当时欧洲人口40%的鼠疫菌和其他的细菌，在我们祖国——中国的大地上各处散播。善良无辜的人民被这些看不见的细菌武器所杀害，经过数百千年时间建起的文明的城市、村庄被摧毁，最为悲剧性的是，自然环境受到了破坏。在本诉讼6所细菌战受害地之一浙江省衢州、1940年10月，日军从空中投放了鼠疫菌后，引起鼠疫发生并流行了13年。在同省的受害地义乌、鼠疫蔓延到全县几乎整个范围，并传播到邻县东阳。细菌战鼠疫的受害地区，到今日为止，半个世纪以来，为预防鼠疫再发生，必须每年数次在广泛的范围内，捕捉大量的老鼠和跳蚤，进行鼠疫菌的检查。根据这些地区卫生防疫机关的检查结果，浙江省衢州、义乌以及6所细菌战受害地之一的湖南省常德，在80年代、90年代，以至到目前为止，还发现有鼠疫菌抗体阳性。上述的检查结果表明，在这些地区鼠疫菌依然在活动，鼠疫再发生的可能性依然存在。对于生活在这些地区的人们来说，细菌战不是历史，而是现实。

当今世界，环境问题在威胁着地球的前途已是常识，人权也是国际社会普遍的理念和价值。但是，同时至少有16个国家还持有生物、化学武器。尊敬的审判官们，我们108名原告，以及日本、中国和世界人民，期待着维持理性的秩序、道德的规律、真理的法则的对细菌战的审判。

原定作为原告参加诉讼的中国浙江省宁波市的细菌战鼠疫受害者钱贵法，及同省江山市的细菌战霍乱受害者赖根水，没能等到这场审判的开庭就去世了。为了使这场对细菌战的审判成为对钱贵法、赖根水，包括他们在内的无数的细菌战受害者们的永远的纪念，我们原告团在此表示全体不懈努力到最终的决心。

◎ 诉讼团律师名单

原告诉讼代理人：

日本律师联合会前会长：土屋公献

首席律师：一濑敬一郎

律师团：

鬼束忠则　西村正治　千田贤

椎野秀之　萱野一树

◎ 诉讼书及控告日本细菌战的有关问题

序言

此次诉讼以在战争中由于日军使用细菌武器而受害的中国人原告向日本政府要求赔偿为内容。这是首次细菌战的受害者以日本政府为被告要求损害赔偿的诉讼。

本序言触及应该如何挽救战争罪行所造成的受害问题，特别触及细菌战所造成的受害及赔偿问题的关键所在，并以此希望唤起法院对这次审判的重要性的关注。

在人类历史上，人与人之间互相残杀的战争已有几千年的历史。而且这几千年来，人类对战争的看法在逐渐变化，显然是战争手段逐渐受到了限制。特别是第一次世界大战以来，正如1928年的不战条约所主张的那样，违法战争的观念深入人心，并被当作了国际法的原则。国际法之所以禁止细菌武器正是出于违法战争的观念。

尽管如此，日军在充分认识到违反国际法的情况下秘密开发细菌武器，并在战争中用作杀人的工具。

日军对亚洲各国进行的残酷战争已经是清楚的历史事实。残酷战争的原因，是因为日本政府基于为取得战争的胜利对战争手段不加限制这一基本思想，把使用细菌武器作为国家政策，并且在充分认识到国际法的情况下而公然违反国际法的。

日本开发的细菌武器主要是鼠疫菌。鼠疫是多么可怕的瘟疫，我们通过 14 世纪鼠疫大流行、占欧洲人口三分之一的 4000 万人死亡的历史事实就可以充分了解到。后来，17 世纪鼠疫在欧洲的英国等国家流行，19 世纪末 20 世纪初在亚洲又曾大流行。可以说，鼠疫就是对人类的威胁。

另一方面，对细菌在医学上的研究，从 19 世纪 50 年代开始有了飞跃的发展。鼠疫菌正是在上述亚洲鼠疫流行中的 1894 年发现的，人类总算对可恶的鼠疫有了正确的了解。鼠疫菌的发现是人类智慧的胜利，这一消息被作为世界大事来报道，对预防鼠疫起到了重要的作用。

但是日军利用应该救死扶伤的医生，把鼠疫菌作为扼杀人的生命的武器来使用，这种非人道的暴行是史无前例的。

日本在 1945 年接受《波茨坦宣言》，向联合国无条件投降。其后进行的远东国际军事审判裁定日本的战争是侵略战争，并对战犯进行了处罚。此后，日本在 1952 年的媾和条约上确认接受了远东国际军事审判的判决，再次回到了国际社会之中。

但是不知为什么，与细菌战有牵连的人却没有作为战犯受到处罚。日本把隐藏为了进行战争而作为国家政策的开发细菌武器的事实、用细菌武器在做人体实验时杀害了大量俘虏的事实、在中国各地散布鼠疫菌杀伤了数万居民的事实，作为国家的政策。

▲远东国际军事法庭审判日本甲级战犯

日本政府不单犯下了细菌战这样严重的战争罪行，而且还犯下了隐瞒细菌战这样的新的国家罪行，后者也是一件极其严重的事件。

而且日本政府至今仍隐藏着自己保管着的关于细菌战的资料，并否认事实。

对于在战后50年的今天，为什么还要起诉这一质疑，我们的反问是：到今天为止不能起诉的责任由谁来负？

因此，这次108名原告对原战争的赔偿要求，是对到目前为止没有受到审判的细菌战战犯在法庭上的首次审判，是强烈要求法庭在全世界的注目下，正视历史事实的呼声。

1. 被告（日本）的细菌战

（1）日本细菌战部队的建立。

日本自从1931年9月自己爆破了南满洲铁路，制造了柳条湖事件，发动了九一八事变，直到战败为止，一直进行着侵略中国的战争。在侵略中国的 14 年里，日军无视国际法，研究细菌战，并在实战中使用了细菌武器。

在此之前，日本利用日清战争强迫中国割让台湾等地，利用日俄战争强迫中国租借旅顺、大连等，并获得了南满洲铁路。后来又派遣关东军企图确保和扩大在中国东北的日本权益。柳条湖事件之后，关东军立刻占领了中国东北（旧满洲）的几乎全部领土，在 1932 年 3 月建立了日本的傀儡国家“满洲国”。

此后，日本进行所谓“华北分离工作”，企图把中国华北的一部分从当时的中国国民政府（国民党政权）的支配下分离出来，继而在 1937 年 7 月，在北京近郊引起了与中国军队的武力冲突（七七卢沟桥事变），中日两国开始了全面战争。日军在占领了华北的北京、天津以后，马上沿铁路南下，占领了铁路沿线的城市，8 月在华中的上海登陆，占领了上海。进而又在 12 月攻陷了首都南京，制造了南京大屠杀事件。1938 年 5 月占领了徐州，10 月占领了武汉。此后，中国以重庆为新的首都，增强了对侵略的抵抗和反击，中日两军进入了对峙阶段。1941 年 12 月日军攻击了珍珠湾，并在马来半岛登陆，中日战争便发展为亚洲太平洋战争。一直到战败为止，日本在中国大陆配置了 100 万人的军队进行了侵略战争，但由于中国的顽强抵抗，遂于 1945 年 8 月向中国投降。

以下将详述日军创设细菌战部队的经过。

首先，建立“满洲国”的 1932 年，在东京的陆军军医学校成立了防疫研究室。1933 年在中国东北黑龙江省五常县背荫河设置了防疫班（东乡部队）。在东乡部队暂时回到东京以后，防疫班转移到中国东北的哈尔滨市南冈。1936 年 4 月，关东军参谋长板垣征四郎要求陆军次官梅津美治郎“为准备细菌战”设立“关东军防疫部”。结果，同年 8 月，东乡部队作为“关东军防疫部”，根据天皇的军令成为正规军，开始在哈尔滨市东南 24 公里处的平房营造设施。

上述部队打着军队的“防疫”“供水”即预防传染病和供给净水的旗号，实际上是开发细菌武器并将其实用化的秘密机关。随着战线的扩大、兵员的消耗和物资不足的深刻化，武器近代化的落后愈加显著。细菌武器由于其可以低价制造，并且可以给敌国造成无差别的大量伤害，所以日益受到重视。

1936 年秋，日军在围起来的哈尔滨郊外 6 平方公里的范围里开始为“关东军防疫部”营建设施。1938 年 6 月，根据关东军参谋部命令第 1539 号设置了特别军事区。为了让部队的周围成为“无人区”，中国人的 546 户农家被强制搬迁，从而建设了作为日本细菌战中枢的部队本部营地、细菌制造工厂、各种实验室、监狱、专用飞机场、队员家属宿舍等等。

设施的中心是约 100 米见方，叫做“口字楼”的三层楼，完成于 1940 年。（关东军防疫部在 1940 年改称“关东军防疫供水部”，1941 年始用第 731 部队的部队番号。）

部队的中枢由四个部构成。第一部细菌研究部与第四部细菌制造部设置在“口”字楼，研究和制造鼠疫、霍乱、伤寒、炭疽菌等。设置在其他楼的第二部负责实战研究，包括灭绝植物研究班、昆虫（跳蚤等）研究班，还有航空班等等。设置在哈尔滨市南冈陆军医院的第三部，因为部队的名称与防疫供水有关，除了制造滤水器以外，还制造装鼠疫菌等用的陶瓷炸弹。

“口”字楼的中央建造了一个可以收容 400 人的特殊监狱。这个监狱收容了因反抗日本统治或者因有反抗嫌疑而被逮捕的中国人、苏联人、朝鲜人、蒙古人等。这些人被取消了姓名，代之以“木头”的称呼，并用一根、两根来计算。他们在“口字楼”的解剖室、野外的实验场被用于人体试验而遭杀害。

人体试验从注射和涂抹细菌、观察身体变化开始，到与动物换血、人为的冻伤、减压实验等等名目繁多。在距哈尔滨120公里的安达县设置了野外实验场，将人绑在桩子上，用于飞机空投鼠疫菌弹、炭疽菌弹、毒气弹时，测定效果的实验。在哈尔滨市松花江的江心洲也进行了同样的野外实验。

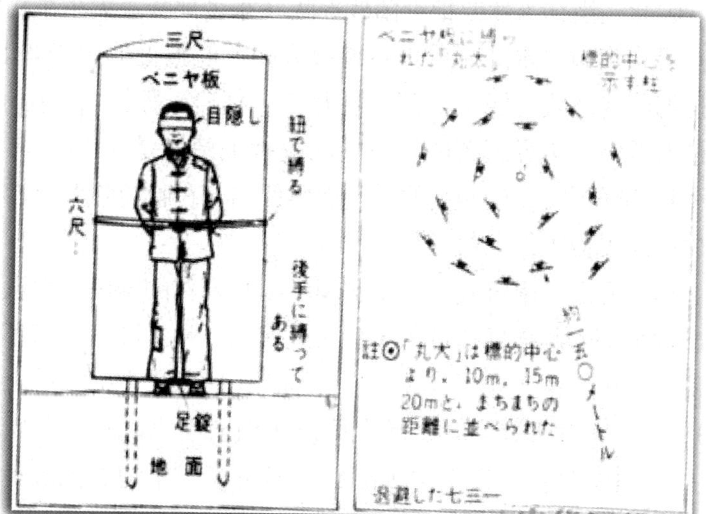

▲安达野外试验场配置图

就是从上述研究、实验中产生了具有杀伤力强大的散布传染鼠疫的跳蚤的方法。传染鼠疫的跳蚤是让跳蚤寄居在注射了鼠疫菌的老鼠身上吸其血而生产出来的。

使用传染鼠疫的跳蚤的方法远远超过了从空中直接散布鼠疫菌的方法。鼠疫菌和其他细菌一样，如果只空投细菌的话，由于空气的抵抗、气温的变化，细菌就有死亡的危险，而且对于散布细菌的人，其细菌感染的可能性也很大。正是因此，才研究出制造和散布传染鼠疫的跳蚤的方法。跳蚤不但是传染鼠疫的最好媒介，并且对空气的抵抗、气温的变化有较强的抵抗能力。

（2）从 1939 年到 1945 年之间的细菌战。

在细菌战部队的创设中，军医石井四郎起了很大的作用，但是关于细菌战的研究和实用的战略研究却是在日本陆军中央部的批准和促进下进行的。

因此，当初当然要把细菌战部队（东乡部队、关东军防疫部）设在离被日本陆军看作主要敌人的苏联很近的中国东北。并且细菌战部队的四个支部（牡丹江、林口、孙吴、海拉尔）也是沿着中苏边界配置的。第一次进行细菌战是在 1939 年关东军和苏联军队发生冲突的诺门坎事件中，在哈拉哈河上游的乌尔逊河里投了伤寒菌。

另一方面，中日战争由于实现了国共合作的国民党军队与共产党军队的顽强抵抗进入了持久战状态。日本陆军组编了北支那方面军、中支那派遣军（后扩充为支那派遣军）等，在 1938 年后半年动员了 100 万的兵力（相当于当时日本军队总兵力的 80% 左右）投入中国战线，但是在同年的徐州战役和汉口战役捕捉国民党主力的企图遭到破产，国民党政府转移到四川省重庆继续抗战。共产党军队以华北为中心，在日军占领区后方建立了游击战区域，消耗日军的兵力。

并且，1939 年 9 月第二次世界大战在欧洲爆发。在日本继续并扩大侵华战争、日美对立日益激化的情况下，1940 年 9 月日本与德国、意大利结成了三国同盟。日本一边期待德国在欧洲的军事胜利，一边采用新的战略，企图以入侵东南亚一举挽救事态。

在这种情况下，日本强化了细菌战研究，扩大了细菌战部队的规模，即在关东军防疫供水部（第731部队，哈尔滨）的基础上，到1940年为止组编了北支那防疫供水部（第1855部队，北京）、中支那防疫供水部（第1644部队，南京）、南支那防疫供水部（第8604部队，广州），在1942年组编了南方军防疫供水部（第9420部队，新加坡）。并且这些部队下设几个或十几个“支部”。（括号内是部队番号和本部所在地，下文将用部队番号代表。）

这些部队直接或间接地参加了日军在中国各地进行的细菌战。

1940年日本陆军中央部正式讨论了细菌武器的使用问题，发布了开始细菌作战的命令。根据天皇大本营陆军部作战命令，陆军参谋总长发布了开始作战的具体指示“大本营陆军部作战指令第690号”。

6月5日，陆军参谋本部作战科荒尾兴功、支那派遣军参谋井本熊男、南京第1644部队队长代理增田知贞进行了关于实行细菌战的协议。协议决定以浙江省的主要城市为攻击目标，实行部队直属支那派遣军总司令部，部队负责人为关东军防疫部部长石井四郎等。作战方法为用飞机散布菌液和传染鼠疫的跳蚤。

7月25日，关东军发布了“关东军作战命令丙第659号”。这一作战命令是为了在浙江省展开细菌战，命令运送第731部队队员临时编成的“奈良部队”的人员和器材。根据这一命令，从哈尔滨发出的“炸弹700发、汽车20辆”等器材于8月6日运到了前线基地浙江省杭州。两天以后，第1644部队和第731部队共120名队员在杭州集合。

此后开始寻找具体的攻击目标。9月上旬，决定细菌战的攻击目标为宁波和衢州，金华作为候补。其中，宁波是中国东南部的重要的港湾城市，衢州和金华是从浙江通往江西的浙赣铁路上的要地。9 月 18 日，攻击目标的候补地区又增加了玉山、温州、台州等地，并开始了在浙江省的细菌战。

从 9 月 18 日到 10 月 7 日，进行了六次霍乱菌、伤寒菌、鼠疫菌攻击。这六次攻击都是在散布菌液的同时空投了传染鼠疫的跳蚤。10 月下旬，在宁波也空投了传染鼠疫的跳蚤。11 月底，在金华空投了鼠疫菌。

在成为攻击对象的地区里，至少衢州和宁波两个地区发生了大规模的鼠疫流行。

11 月 25 日，陆军参谋总长杉山元对支那派遣军和关东军发布了“大陆指第 781 号”命令，下达了于 11 月末结束作战的指令。

1941 年上半年……（详见常德细菌战一节论述）

1941 年 12 月 8 日，日本对美国、英国宣战，太平洋战争开始了。日清战争的宣战诏书上曾经明确记载了要依据国际法。“在不违反国际法的情况下，根据各个权能努力毫无遗漏地尽一切手段。”日俄战争、第一次世界大战的宣战和开战诏书也是一样。但是，太平洋战争的宣战诏书上完全没有上述文字，这是很有象征意义的。事实上，继承日中战争，在亚洲太平洋战争中，日军也策划和实行了违反国际法的细菌战。

（1942 年的中国大陆细菌战描述见华中第 1644 部队一章，不再赘述。）在 1942 年，日军在太平洋战区也企图实行细菌战。例如，准备了对驻守在菲律宾的伯唐半岛上的美军和菲律宾军的细菌战，后由于美军等的投降而中止。另外，还讨论了对萨摩亚、阿拉斯加的荷兰港、澳大利亚的主要城市、印度的加尔各答的细菌战。

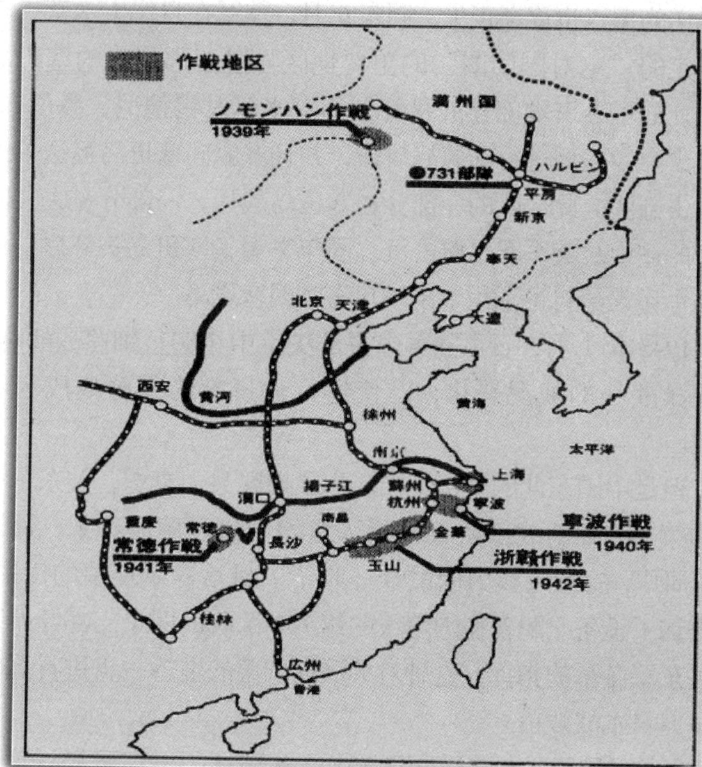

▲日本出版物绘制的细菌战区域分布图

1943 年，日军从所罗门群岛的瓜达康那撤退后，其在太平洋的败势已成定局。在中国，日军也放弃了本来企图治服中国政府的目的，转而以“为确保占领地而战”为中心任务。在这种情况下，哈尔滨的第 731 部队、北京的第 1855 部队、南京的第1644 部队、广州的第8604 部队、新加坡的第9420 部队等日军细菌战部队着重增产传染鼠疫的跳蚤和老鼠，不仅对中国的其他地区，而且讨论了对缅甸、印度、新几内亚、澳大利亚等国的细菌战攻击。

1944 年，日军完全丧失了太平洋的制海权和制空权，南太平洋的据点也逐渐丧失。同年6月，美军在日军大本营一年前设定的“绝对国防圈”的重要地区马里亚那群岛的塞班岛登陆。陆军参谋本部作战科计划用潜水艇对锡德尼、墨尔本、夏威夷、中途岛进行细菌战攻击，并且派船向塞班岛运送了细菌攻击部队。此部队的一部分在塞班岛战死，一部分在去往图拉岛的途中被美军潜水艇击沉。同年7月，塞班岛失守后，日军陆军参谋部讨论了用细菌战攻击夺回塞班岛。

1945年1月，日军陆军中央部决定中止实行细菌战战略。太平洋战线的战况恶化，已使实行大规模的细菌战成为不可能。

但是中国东北的情况不同。为了挽救兵力衰弱，关东军和它的第731细菌战部队订出了大量增产鼠疫菌的计划，通过“满洲国”的行政权力向民众征收了大量培养鼠疫菌的田鼠，并增加了设备。配备在国境线的第731部队的四个支部开始接受关东军各军的指挥，这种对苏联的细菌战准备一直进行到同年8月日本战败前。

8月9日苏联参战后，第731部队破坏了一切研究细菌战和制造细菌武器的设施，杀害了所有被囚禁的受试者后撤退了。

但是对中国人的迫害行为并没有至此中止。从破坏的设施里逃出来的老鼠和跳蚤，使周围村庄及哈尔滨市内发生了鼠疫。鼠疫流行造成了至少几百名死者，一直持续到1959年。

2. 被告（日本）隐瞒细菌战的行为

（1）隐瞒细菌战这一新的国家罪行。

细菌战是作为国家的策略被执行的。第731部队、第1644部队等细菌战部队是根据天皇的军令编制的正规军，这些部队的作战是根据天皇的大本营陆军部作战命令，在陆军参谋总长的大本营陆军部作战指令的指挥下进行的，就这些基本事实来看，无可怀疑，细菌战是日本的国策。

一方面，正如在前文已经谈到的，细菌战使中国的城市和农村的许多居民被虐杀，或被伤害。

另一方面，令人吃惊的是，至今没有对细菌战的受害进行赔偿和谢罪，细菌战甚至与一切救济措施无关。

这是因为被告继续隐瞒所有作为国家方针的细菌战的事实，妨碍救济受害者，这是被告的新的国家罪行。这一国家罪行与这次起诉之所以在 1940 年到 1942 年进行的细菌战过后 50 余年才得以实现的原委有密切的关系，以下将对此进行详述。

（2）作为秘密作战的细菌战。

由于细菌战造成的传染病是突然发生的，传染途径不容易解明，加害者也不容易确定。而且，日军在衢州、宁波、常德空投细菌的做法超越了当时世界生物学界认为的在空中散布细菌会造成细菌死灭的认识。因此联合国成员国英国和美国在细菌战进行的同时否认日军空投细菌的看法。

这样，细菌战本身在性质上隐秘性很高，再加上日军对细菌战进行了极为彻底的保密，即第 731 部队等细菌战部队都是打着“防疫供水”的招牌，而实际上是细菌战部队只有部队里的少数人知道。并且细菌战与当地的普通部队无关，由第 731 部队、第 1644 部队派遣的队员组成的部队专门建设细菌战用的基地，进行细菌战。1942 年浙赣战役时，由于在地上散布了霍乱菌等，日军自己也受到了伤害，这正是因为他们进行细菌战对自己的普通部队也保密所造成的。

日军虽然不断吹嘘在日中战争及亚洲太平洋战争时期捏造的“赫赫战果”，但实际上对细菌战的“战果”却只字不提，这也是当然的事情。

（3）战败之前被告隐瞒细菌战的行为。

1945 年 8 月 9 日拂晓，苏军南下穿过苏满边境开始参战。对此，日军在同日，大本营参谋朝枝繁春以陆军参谋总长的名义，命令第 731 部队彻底销毁研究和实行细菌战的证据。第 731 部队接到命令后，烧掉了作为证据的资料，破坏了研究制造细菌的设施和监狱等等。把监狱当时收容的 400 余名受试者囚人，全都用毒药杀害，并焚烧了尸体，骨灰扔进了哈尔滨市内的松花江。

同时，日军优先撤回了第 731 部队队员及其家属。防卫“满洲国”的关东军在苏军的进攻下节节败退，致使满蒙开拓团和日本的许多普通市民在混乱中留在了当地。尽管如此，日军用专门准备的飞机撤回了第 731 部队的医学家 50 多名，并用专门准备的火车撤回了第 731 部队队员和家属。

同样，第 731 部队以外的其他细菌战部队也比其他日军部队优先回到了日本。

第 731 部队撤退时，队长石井四郎命令队员回到日本后，必须对参加第 731 部队的事实和自己的经历加以保密，不许就公职，队员之间绝对不许联系。队长根据日军对细菌战保密的命令而发布的训令，在战后一直束缚着许多原部队队员，致使解明细菌战的实情成为极为困难的事情。而且日本国内也采取了同样的保密措施，根据陆军次官若松只一的命令，烧掉了日本国内的细菌战研究机关、陆军省的防疫研究室的资料。

（4）战后被告（日本）和美国政府隐瞒细菌战的行为。

第二次世界大战以后，在 1946 年 5 月联合国组织的远东国际军事法庭上，虽然写出并由首席检察官吉南提交了关于日军细菌战的报告，但是在审判中只有一次提及了这一报告。

另外，国际检查局得到了原南京第 1644 部队队员的供述书，获得了关于细菌战的线索，但却没有提交远东国际军事法庭。正因为日本战犯和美国隐瞒了细菌战的事实，在这个法庭上，被告（日本）虽然就战争罪行受到了质问，但是非人道的细菌战却依然没有作为审判的内容。

美国在 1945 年 9 月开始对细菌战部队的活动进行调查。但这次，由于日本政府的有关人士和原军队干部做了工作，石井四郎等细菌战部队的干部被免除了战犯的罪责。

1947 年 1 月，苏联提出了对石井四郎的下属 3 名干部进行关于人体试验的质询的要求，但是美国没有答应，而是重新派了细菌专家继续进行调查。根据这次调查，美国不但得到了第 731 部队的各种人体实验的资料，而且还了解到对中国公民和士兵进行的 12 次细菌战的情况，在日军细菌战中，鼠疫菌作为细菌武器起到了作用等情况。

但是这些调查结果被作为“机密”隐瞒起来。这种隐瞒调查结果的行为也是被告（日本）隐瞒国家罪行的行为。

并且战后很多被免除了战犯罪责的第 731 部队干部占据了日本医学界和医药界的重要的职位。例如，绿十字会就是由被免除了战犯罪责的第 731 部队干部内藤良一所创立，它是由继承了第 731 部队的技术并担任第 731 部队队长的北野政次等很多第 731 部队人员组成的企业。

1949 年 12 月，苏联自己在哈巴罗夫斯克（伯力城）审判了 12 名参与制造和使用细菌武器的日军俘虏，负责第 731 部队的本部和支部的川岛清、柄泽十三夫、西俊英、尾上正男受到了审判。12 名证人提出了证词，证明古都良雄参与了在中国散布细菌、进行了人体试验，堀田在安达进行了野外人体试验。证明细菌战的大量事实的公判记录的日语译本第二年也出版了，但是对此，美国的对日理事会声明，这次审判是为了转移人们对苏联的日本人俘虏问题的视线的阴谋，企图阻碍解明细菌战的各种事实。被告追随了美国的这一政策。

在哈巴罗夫斯克审判的同时，中国也独自进行了调查，并根据中国证人的证词进行了反细菌战的宣传，抨击了日军细菌战，但是由于日本的隐瞒而没有得到充分的证据。

(5) 20 世纪 80 年代被告隐瞒细菌战的行为。

关于细菌战部队的活动的事实，一直到 20 世纪 80 年代终于开始得到了解明。

1981 年，美国记者约·鲍威尔发表了《历史上被隐瞒的一章》的论文，在论文中他首次公开了使用人体作试验的事实。在同一年出版的森村诚一的《恶魔的饱餐》和常石敬一的《消灭了的细菌战部队》一书，也表明了以人体试验为中心的第 731 部队的活动的基本事实。

尽管如此，被告（日本）在 1983 年核定教科书时，以“时期尚早”为理由，命令全部消除家永三郎执笔的高中日本史教科书中关于第 731 部队的叙述。被告（日本）和美国一起企图隐瞒细菌战事实的政策一直毫无改变。

1986 年 9 月 1 日，在美国下院复员军人委员会补偿问题支委会的意见听取会上，国防部记录管理部部长哈查说，在 50 年代下半期，第 731 部队的资料已经还给了日本。

国会图书馆发言说，根据调查的结果，这些资料还给日本后，最初交给了外务省复员局，后来又移送到防卫厅防卫研修所战史室。但是被告却采取了无法确认这些资料的存在的态度，拒绝把材料彻底公开。被告的这种有意抵抗的行为一直延续到今天。

3. 被告（日本）的责任

(1) 中国战争受害者要求赔偿损害的权利。

中日之间的战争赔偿问题。

中日之间第一次谈到战争赔偿问题，是在制定中日之间的战争赔偿问题共同声明的 1972 年。为什么日本战败以后过了 27 年才谈到了中日之间的战争赔偿问题呢？责任在谁呢？

原因和责任当然在于日本政府方面，因为他们不承认 1949 年诞生的新中国，而是于 1952 年 4 月与台湾政权缔结日台条约（日华和平条约）。日本一方面在日台条约中，认为台湾政权无权代表全中国，台湾政权没有代表中国提出要求日本赔偿的权利，因而采取不承认台湾政权的赔偿要求的态度；另一方面，又在 1972 年的中日联合声明上声称已经在日台条约上解决了战争赔偿问题，认为中华人民共和国没有提出要求日本赔偿的权利。总之，日本政府从来没有承认过中国提出的要求日本赔偿的权利。侵略战争中侵略的一方不承认被侵略的一方提出的战争赔偿，这是绝不能允许的。

中日联合声明规定“中华人民共和国政府为了中日两国人民的友好，放弃对日本提出战争赔偿的要求”。但是在中日共同声明的交涉过程中，如前所述，日本强调中国没有要求日本赔偿的权利，这样就否定了被侵略的一方要求战争赔偿的权利，而且尽管把放弃要求战争赔偿的权利写在联合声明中，也绝不意味着解决了战争赔偿问题。

1978 年缔结的中日和平友好条约，只是确认了应该严格遵守共同声明规定的诸原则，日本政府对中国要求日本战争赔偿这一问题的态度根本没有改变。

上述事情说明，日本政府从来没有对侵略中国的战争进行真心反省。

被侵略的中国要求战争赔偿的出发点，是要求发动战争的侵略者表明谢罪的诚意。这一出发点的关键所在是，日本政府

▲1994 年 5 月，“中归联”等组织举行示威，抗议日本政府不反省侵略罪行的行径。

如果不对中国、不对在战争中受害的中国人进行诚意的谢罪，那么战争赔偿问题绝不会得到解决。

1992 年 3 月，就日本侵华战争的中国受害者以个人名义行使向日本政府要求损害赔偿的权利一事，外交部长钱其琛发言说，由侵略中国的战争带来的复杂问题，日本方面必须给予适当的处理。同年 4 月，中国共产党中央委员会总书记江泽民也发表了相同的讲话。同年 9 月，中国国务院副总理吴学谦也谈道：“民间赔偿和政府不是一回事。遭到战争创伤的中国人通过正常的渠道，提出他们的要求是完全正当的。”1995 年 3 月，在全国人民代表大会上，国务院副总理、外交部长钱其琛申明：“中日联合声明并没有放弃中国人以个人名义行使向日本政府要求赔偿的权利。”

因此，中国政府认为，在战争受害的赔偿问题上，国家要求战争赔偿的权利与作为战争受害者的每个中国人向日本要求战争赔偿的权利是有区别的，对后者并没有什么限制。

中日联合声明处理的只是中国作为国家的战争赔偿问题，而对作为战争受害者的每个中国人，向日本政府要求损害赔偿的权利没有任何影响。

在中日联合声明中，日本政府对中国政府保证："深深感到过去日本发动战争给中国人民造成了巨大的损害的责任，并深刻反省。"因此日本政府为了遵守上述中日联合声明的规定，对战争受害者要求损害赔偿的权利采取积极的措施是法律上的义务。

细菌战受害者要求损害赔偿的权利。

被告的细菌战不单是日军有组织的行动，而且是实施国家的战略行动。但是，一旦使用了细菌武器，瘟疫流行的范围就成为既不可能预测也不可能限制了，并且必然会给与军队无关的一般居民带来巨大的损害，这样的细菌武器是面对全人类的。因此，在细菌学开始发展的20世纪初，世界各国之间绝对禁止细菌战，并被当作了国际惯例。在1907年的海牙公约和1925年的日内瓦决议书上，都明确规定禁止细菌战。可以说细菌战是全人类最憎恶的战争犯罪。

日本政府是在充分认识到国际法禁止细菌战的情况下发动细菌战的。如此重大的战争犯罪是违反战争法规的行为，对于由此而引起的损害赔偿，日本政府必须采取积极的赔偿措施。

在这次细菌战中，日本政府不但在进行加害时就充分认识到细菌战违反国际法，而且从战败前就开始消灭细菌战证据，在远东国际军事法庭上隐瞒证据。就是这样，日本政府为了逃避细菌战的法律责任，不断加重包括消灭证据在内的国家罪行。

因此，被告必须站在作为法律基础的正义和信义的立场上接受原告的损害赔偿请求。

由于日军的细菌战而死于鼠疫、霍乱的中国居民甚至不知道自己是被日军所杀，生存下来的家属也在很长时间内不知道瘟疫是由于细菌战所造成的。同时，生存下来的人们在很长时间内受到瘟疫流行的折磨。他们的痛苦是作为细菌战受害者的原告们要求损害赔偿的根源。对战争犯罪的司法规制的核心问题是抑制未来的罪恶的战争犯罪，以及在实际上救济战争受害者。

为了实现上述两点，最有效的方法是使受害者个人具有对加害国直接要求损害赔偿的权利。

（2）根据海牙公约要求赔偿损害的权利。

海牙公约及以海牙公约为内容的国际惯例的成立。

“关于陆战法规惯例的条约”（以下称“海牙公约”），是1907年在荷兰海牙召开的第二次海牙和平会议上通过的公约，与会的44个国家在公约上签了字，公约从1910年1月开始生效。日本在1911年批准了这一公约。

关于战争受害的赔偿，海牙公约的第3条规定：“违反前述规则的交战当事者，在造成损害时，负有赔偿损害的责任。交战当事者对组成其军队的人员的一切行为负有责任。”

海牙公约是以制定公约时已经作为国际惯例得到世界各国承认的内容为内容的，并且是在超过第一次海牙国际会议的与会国数，有世界44个主要国家参加的国际和平会议的总会上被一致通过的。世界各国在海牙公约制定以后，都一致表明遵守这一公约，并且实际上履行了公约的内容。

国际上认为违反此公约的行为构成战争犯罪。日本也在批准此公约后参加第一次世界大战时表明遵守此公约，同时要求各国履行公约内容。

以上事实证明，海牙公约的内容最迟也在其生效以后，作为国际惯例而成立。

因此海牙公约的第 2 条有“第一条所载规则及本公约的规定在交战国都成为本公约的当事者的时候，只在协约国之间适用”这样一个总加入条目，第二次世界大战的交战国中也有没有参加缔结海牙公约的国家，但由于总加入条目，所以并不排除海牙公约对其适用。这在纽伦堡国际军事法庭及远东国际军事法庭都已说明，是毫无疑义的。

另外，海牙公约第 3 条所说“前述规则”，是指“海牙公约”附属规则，即“关于陆战法规惯例的规则海牙陆战规则”（以下称“海牙规则”）。

细菌战违反了战争法规。

海牙规则中与细菌战有关的是第 23 条第一项。“第 23 条第一项除特别条约所规定的禁止项目以外，特别禁止如下项目”：

イ号　“使用毒或放毒的武器”

ホ号　“使用造成不必要的痛苦的武器、投射物及其他物品”

因为细菌武器是靠细菌的剧毒和传染性能使人很容易被细菌传染，造成人体的致命伤的武器，因此属上述イ号。因为细菌武器长时期在广大的范围使恶性传染病蔓延，给人们造成了痛苦，所以又属上述ホ号。

另一方面，在 1925 年 6 月签订的“关于禁止使用窒息性气体、毒性气体或类似气体以及细菌学手段的战争”的协议书（以下称日内瓦决议书）中，细菌战也被明文禁止了。

对于日内瓦决议书，没有一个国家表示反对，各国都一致表示一定不使用细菌武器，并认为使用细菌武器构成了战争犯罪。因此日内瓦决议书最迟也在 1928 年生效时起，作为国际惯例被确立了。日本政府也在此决议书制定后签了字（1970 年批准），并充分认识到此决议书作为国际惯例而成立。

另外，海牙规则第 25 条规定：“不得以任何手段对不设防的城市、村庄、住宅或建筑物进行攻击或炮击。”规则禁止了对不设防城市的攻击。日军细菌战显然违反了这一规定。

因此被告所进行的细菌战在违反海牙规则第 23 条第一项中イ号和ホ号和第 25 条的同时，也违反了 1925 年的日内瓦决议书，显然违反了战争法规。

（3）海牙公约第 3 条中要求赔偿的权利所属的主体。

海牙公约第 3 条规定，在交战当事者违反战争法规的行为给个人带来损害的情况下，加害国对个人受害者负有直接赔偿损害的责任。

海牙公约第 3 条是为了让军队成员彻底遵守其规则而制定的。为了让军队成员遵守海牙规则，以违反命令为理由的军事刑罚法规的处罚是不充分的。以这一根本认识为原则，第 3 条以国际法明文规定，在违反规则的行为造成个人损失的情况下，个人受害者可以直接要求加害国给予损害赔偿，并且即使没有指挥命令系统的管理、监督的过失，加害国对于这一要求也必须承担无过失的责任。这样，在军队成员有违反海牙规则的行为的情况下，第 3 条使对私法的不法行为的使用者责任的认识适用于加害国。

因此显然，海牙公约第 3 条就是规定在军队成员有违反战争法规行为的情况下，个人受害者有权直接向加害国要求损害赔偿。

参照海牙公约第 3 条的制定经过，上述解释就更加明了。

海牙公约第3条是在修正1899年制定的旧海牙公约及它的附属规则后制定的，当时是新制定的规则。旧海牙公约中没有规定国家对战争受害的补偿责任，只是在附属规则中规定了在占领军向城市、街道、乡村、居民征收劳力的情况下，“应尽快付款，否则应开收据以示证明”（第52条）；在占领军向私人征收军需物资的情况下，“在恢复和平时，应将其送还，或决定赔偿”（第53条）。

在1907年的第二次海牙和平会议上，德国代表提议海牙公约追加如下两条：在占领地区内外，本国军队成员违反海牙公约的附属规则的情况下，交战国负有责任；对于因违反规则而受到损害的个人，应要求交战国给予赔偿：

提案第一条　违反附属规则的条款，侵害中立者的交战当事者对中立者负有赔偿其所受损害的责任。交战当事者对组成军队的人员的所有行为负有责任。

在未预定以现金即时赔偿的情况下，交战当事者承认其所造成的损害及应付赔偿额的决定与目前交战行为不能两立时，可以延期前述决定。

提案第二条　因违反附属规则的条款的行为而侵害了交战对手的时候，赔偿的问题放在缔结和平时解决。

关于上述提案，德国代表作如下解释：

德国提案的目的在于，在违反陆战法规惯例的规则的情况下，用附加规定补充此规则，其理由简单说明如下。

根据陆战法规惯例的公约，各国政府只负有依照此公约的附属规则对其军队下达命令的义务。鉴于这些规定成为对军队下达的命令的一部分，违反行为要根据保卫军规的刑法来处罚。但是很显然，这个刑事处罚规则不能成为预防所有个人的违法行为的措施。不得不服从此规则的规定的不单是军队指挥官，此规定还必须适用于军官、士兵。因此，政府根据自己的意志下达的命令在战斗中并不能保证都得到执行。

由于上述情况，就应该讨论违反此规则的规定的行为所造成的结果。

不管是故意还是过失，由于违法行为而损害他人权利者对他人负有赔偿自己所造成的损害的义务。这一私法原则在国际法目前讨论的领域里也是妥当的。国家单靠由于管理、监督的失误没有得到立证而不负责任这种过失责任的法理是不充分的。采用这样的法理，政府本身就几乎不会有任何过失，这样，由于违反附属规则的行为而受到损害的人就不能向政府要求赔偿，在多数场合，实际上得不到赔偿。

因此我们认为，军队组成成员违反规则的一切不法行为的责任，都应由军队持有者——国家政府来承担。

在决定责任、损害的程度、赔偿的支付方法时，区别中立者和对立者，在中立者受到损害的情况下，为了保障与交战行为的最快救济，应该有必要的措施。另一方面，对立者的赔偿问题必须推迟到恢复和平时解决。

在审议时，所有参加国一致同意上述德国提出的受害者个人可以直接向加害国要求损害赔偿，加害国负有无过失的责任这一基本内容，俄罗斯和瑞士还发言表示赞同。

另一方面，法国和英国对条文中分开了中立国的公民和交战国的公民这一点提出了问题，但是德国代表的意图不是为了在损害赔偿问题上区别中立国的公民和交战国的公民，只是在赔偿的支付方法上设立这一区别。

最后，进行审议的海牙和平会议第二委员会以德国代表的提案中的着眼点提案第一条的部分为基础，形式上条文上不区别中立国和交战国，作了如下规定：

违反本规则条款的交战当事者在造成损失的时候，负有赔偿损失的责任。交战当事者对其军队组成成员的一切行为负有责任。

全会一致通过了上述规定。起草委员会认为这些规定不应作为公约的附属规则，而应作为公约本文，应作为海牙公约的第3条的规定，并得到了全会的一致通过，成为前述海牙公约的第3条规定。

（4）海牙公约在国内的法律效力。

日本1907年在海牙公约上签字，1911年11月批准，12月寄存批准书，1912年1月公布公约，因此这一公约在日本国内就具有法律效力。

本来如《日本国宪法》第13条“天皇有宣战、讲和、缔结各种公约的职权”所定，天皇有公约缔结权。公约与帝国议会无关，而是在天皇的裁定下缔结和批准公约。寄存批准书以后，如公布，公约在国内就具有了法律效力。

因此，根据日本宪法第98条第2项要求，遵守的条约及国际习惯法是不需要采取立法措施等特别手续的。根据上述日本宪法条款的一般授权，公约就自动地全面地成为日本国内法的一部分，在国内法上是可以执行的。

这样，海牙公约及与此内容相同的国际习惯法就具有国内法的效力。

（5）海牙公约的自动生效。

海牙公约具有国内法律效力，为了像法律一样在日本国内适用，即使没有国内法的补充和具体化，也必须承认原来的公约内容作为国内法可以直接实施，可以在私人的法律关系上作为国内法院和行政机关的判断根据而适用，即承认其“自动生效”。

为了承认公约自动生效，第一，作为主观的条件，根据公约的制定和实施的过程，必须可以确认规定私人的权利义务，使公约直接成为国内法院的可能执行的内容这一缔约国的意向。第二，作为客观的条件，即使明白确切、完全详细地规定了私人的权利义务，但还没有具体化其内容的法令，也需要国内可能执行的公约规定。

在判例中，“在考虑被认为有国内效力的国际法规（除公约还包括国际习惯法）在国内是否可能适用的判断标准时，首先当然公约缔结国的意向是重要的因素，规定的内容必须明确”（东京最高法院平成五年 3 月 5 日判决《判例时报》881 号第 76 页）。

联系海牙公约第 3 条，首先，联系上述缔约国的意向来看，第 3 条的制定过程，特别是提案的理由表明，第 3 条规定受害者个人有要求加害国赔偿损害的权利，并可以直接向加害国要求损害赔偿，这显然是缔约国所承认的。

就是说，海牙公约第 3 条为了使各国军队的构成成员彻底遵守海牙公约，在指出以军队构成成员的命令违反为理由的军事刑罚法规的处罚是不够的基础上，从国家责任的观点来看，提出给个人造成的损害应作为救济的对象，政府对它的军队成员的一切行为负有无过失责任是立法的意图。这个意图得到了各国代表的一致支持。因此，海牙公约第 3 条的缔约国无疑是为了通过这一条款，使由于违反海牙规则而实际上受到损害的受害者个人，可以直接向加害国要求赔偿才缔结这一公约的。

其次，海牙公约第 3 条规定的内容也是极其明确的。要求明确性的理由是根据第3条在国内执行时不损害国内法律的安定性。因此，明确性的程度只要与同类国内法相同就可以了。

日本确定不法行为的一般原则、民法第709条及其一般地规定不法行为的发生条件，为“因故意或过失侵害他人权利”，规定国家的不法行为赔偿责任的国家赔偿法也用极为抽象的文句规定“行使公家权利的公务员在执行任务时，因故意或过失违法地给他人造成损失的情况下”。这些条件的具体内容是由大量的法院判例决定的。

对照日本这类制度，海牙公约第3条所规定的条件显然更为具体详细。因此海牙公约作为日本国内法是有着充分的明确性的。

（6）根据海牙公约第3条的国内法院的救济。

海牙公约承认受害者个人有向加害国要求损害赔偿的权利，具有国内法的效力并自动生效。这样，根据这一公约，国家之间达成协议，承认个人在国际法上的权利。换句话说，只要公约具有上述条件，国内法院就可以根据公约进行判断。

这时，不是国际机关，而是作为国家机关的国内法院担当行使国际管辖权（执行国际法）。因此，根据海牙公约第3条，我国法院具有对海牙公约上的问题的管辖权，可以根据这一公约行使管辖权。

实际上，日本法院承认海牙公约作为国内法可以直接适用。（水交社事件，东京法院昭和41年2月28日判决《判例时报》441号第3页以下；《法华经》的认证无效确认事件，千叶法院昭和三十一年4月10日判决《判例时报》76号第12页以下。）但是，在实现个人对对象国家的请求权的手续中，最现实最有效的要求方法是恢复和平以后向加害国法院起诉的方法。

上述方法最为有效，是因为它依据受害者个人可以根据被告现在的司法救济手续法实现要求被告赔偿损害的权利这一现在确立的国际人权法的法理。并且，上述方法的有效性是在国际人权法上被广泛承认的，这是根据《世界人权宣言》第8条的规定“所有的人对于侵害宪法或法律给予的基本权利的行为，有权接受有权限的国内法院的有效的救济”，还根据关于公民权及政治权的国际规约第2条第3项规定：“为了把对权利受到侵害的个人的有效救济权作为国际规范，有效救济的人，不管多少人，要求有权限的司法或行政立法的机关，或者由缔约国的法律制度规定的有其他权限的当局承认他们的有效救济权。”

如上所述，根据海牙公约第3条的受害者个人的损害赔偿要求权，是可以在恢复和平以后，由受害者个人向加害国法院提诉，按照加害国的司法手续实现的。

根据如上所述，在本件诉讼中，根据海牙公约第3条，原告具有向被告要求赔偿因细菌战造成的损害的权利。

4. 根据中国法律的要求赔偿损害的权利

国际不法行为的基准法的法例第11条第1项规定：“由于事物管理、不正当得利或不法行为而造成债权成立及效力，根据形成原因的事实发生地的法律处理。”

形成本件不法行为的原因的事实发生地是被告进行细菌战这一不法行为的行动地，也是原告受害结果的发生地，即中国。因此毫无疑问，形成本件不法行为的原因的事实发生地是中国。

因此，本件是适用1940年到1942年当时的中国不法行为法的。

1940年至1942年，当时在中国具有效力的民事关系法是

1929 年 11 月 22 日公布，1930 年 5 月 5 日施行的《中华民国民法》。《中华民国民法》第 184 条第一项：“因故意或过失，不法侵害他人之权利者，负损害赔偿责任。故意以违背善良风俗之方法，加损害于他人者亦同。”第 185 条第一项：“数人共同不法侵害他人之权利者，连带负损害赔偿责任。不能知其中孰为加害人者，亦同。”第 188 条第一项：“受佣人因执行职务，不法侵害他人之权利者，由佣用人与行为人连带负损害赔偿责任。但选任受佣人及监督其职务之执行已尽相当之注意或纵加以相当之注意而仍不免发生损害者，佣用人不负赔偿责任。”第 194 条：“不法侵害他人致死者，被害人之父、母、子、女及配偶，虽非财产上之损害，亦得请求赔偿相当之金额。”第 195 条第一项：“不法侵害他人之身体、健康、名誉或自由者，被害人虽非财产上之损害，亦得请求赔偿相当之金额。其名誉被侵害者，并得请求为恢复名誉之适当处分。”

法例第 11 条第 2 项虽然规定“前项规定适用于在外国发生的事实依日本法律不是不法的情况下的不法行为”，但是，本件加害行为无论在形态上还是在受害程度上，都是历史上稀有的，从任何价值基准来看都显然是绝不能容忍的国际不法行为。并且无疑，加害者是故意的。因此，本件细菌战无论在客观上还是在主观上，都是日本法中的不法行为，本件的情况正适用于法例第 11 条第 2 项。

因此，由于适用于法例第 11 条第 1 项，原告根据《中华民国民法》第 184、185、188、194、195 条，具有向被告要求本件细菌战造成的受害的损害赔偿权。

这次审判，原告们正是要为死者恢复被剥夺了的人的尊严。

法律的根本是正义和真理。在这次审判中细菌战首次受到审判，这次审判将全面表明细菌战是怎样一种非人性的战争犯罪。裁定战争犯罪、实现对受害者的赔偿正是法院的崇高使命。法院必须全面接受原告们的要求，证明历史事实，伸张正义。

◎1998 年 2 月 16 日　日本东京地方法庭开庭裁决

1. 日本政府拒绝谢罪和赔偿

据中国国际广播电台（记者林叔猛）及日本《东京新闻》报道，东京地方法院 16 日开庭，审理日本侵略军第 731 部队细菌战中国受害者起诉日本政府索赔案，但日本政府代表表示拒绝承担责任。

两名中国受害者代表在出庭作证时，以大量的事实控诉了 20 世纪 40 年代初期日军细菌部队在中国浙江省一带除杀害许多村民外，还撒下染有包括鼠疫菌在内的谷物和跳蚤，致使数百名市民和村民染病死亡的罪行。中国原告总代表王选在法庭上指出，面对如此严重的战争犯罪事实，日本政府至今仍不认罪，并多次加以隐瞒和抹杀。她要求法庭公正地裁决，要求日本政府向中国受害者谢罪并赔偿经济损失。

但日本政府代表竟然引用 100 年前制定的所谓《大日本帝国宪法》，提出国家并不承担对于这场战争受害者的赔偿。他们在答辩书中以起诉时效已超过 20 年为由，要求法庭驳回中国原告的起诉。

另据报道，由日本全国的 200 多名律师组成的中国受害者辩护团，于 16 日上午前往东京的首相府，向日本首相桥本龙太郎递交请愿书，要求桥本从人道主义出发，公开日本第731部队细菌战的有关资料，并向中国人民谢罪，采取实际措施消除由于这场侵略战争带给中国人民的苦难。

2. 诉讼侧记

1998年2月14日下午3时，东京地方法庭审理了日军细菌诉讼案。有近百人旁听，有原告代表三人，原告律师多人。

日本政府竟然引用100年前制定的《大日本帝国宪法》，以时效已超过20年为由拒绝承担赔偿和谢罪。

原告律师团团长，曾经担任日本律师协会会长的土屋公献发言，在批驳日本政府的荒谬论点后说道："我强烈期待能够诚实地遵守业已确立的国际法各项原则，认真积极处理数十年前发生的本诉讼案件，恢复受害者作为人的尊严。"

一濑律师发言认为，这次细菌战审判实际是对日本司法制度的考验。审判不仅关系到中国受害者的问题，也事关日本前途。

土屋公献责问日本政府的代表："细菌战到底有没有?"日本政府代表竟声称："现在还没有必要谈这问题。"这一回答激起了旁听者的愤怒，纷纷指责："杀了这么多中国人还不认账，真不是人!"

中国索赔团成员指出："要求索赔不仅是个人的事，也不仅是几个钱的事，而是维护民族尊严的大事。"

律师团成员坚信，尽管这可能是一场旷日持久的诉讼，但我方真理在握，最终将获得胜诉，并认为这次诉讼团来日索赔的行动表明：中国已经强大，人民已经觉醒，他们已下定决心捍卫自己的权利和尊严，一定要迫使犯罪者低下头来。

中国受害者诉讼团律师团长土屋公献和一濑敬一郎，因得不到日本东京法院的公正审判，特领了三名前侵华日军成员田村良雄、小川武满和东史郎现身说法，到美国和加拿大大城市巡回作证，目的是为了让更多的美国人了解日本侵华史的真相，得到他们的支持，共同努力，恢复中国人的尊严，教育日本青年，并迫使日本政府承认战争罪行，向受害者谢罪。在华盛顿见证招待会主席台两边挂着中文写的“血债不容忘怀，事实不容抵赖”和“暴行不容重现，历史不容篡改”大幅对联，本书特选刊了第731成员田村良雄的发言稿（见前文第31页）。

编 后 语

由于受篇幅和字数所限，在本书中只能将日本对华细菌战中的主要内容向读者作些介绍，使读者对日本侵华细菌战有一个大致的了解。日本侵略者在中国用细菌战杀害了数十万的中国人，他们的罪行罄竹难书！

中国人民抗日战争的胜利至今已70年了，但是在日本仍有少数极右分子包括一些政府官员公然否认历史，不承认日本对中国乃至亚洲其他国家的侵略，不承认对中国和亚洲一些国家的人民犯下的滔天罪行。不但如此，还在国内的一些教科书中抹杀、歪曲历史，激起了中国及亚洲其他受害国家的人民包括日本国内有良知的广大国民的义愤。近几年，由于日本的经济实力不断增强，其军费也在不断增加，海军的实力也在不断增强，军国主义有所抬头，亚洲各国对此已有所警觉。

回想我们收集资料的过程，每当我们找到一个日本侵华细菌战的罪证的时候，每当日本当年细菌战成员向我们揭露他们所犯下的罪行的时候，我们都会更加深刻地感受到在这个弱肉强食的世界里“国弱就要挨打”“国弱就可能亡国”其中的含义。尤其是在科技飞速发展的今天，细菌战虽然被国际法所禁止，但因为它的易造易用、价格低廉、杀伤规模大、毁灭性强而仍会成为那些战争狂们的首选武器，只有国富民强科技高度发达，才能抵御外来的侵略，也才能防止细菌战的发生。

为此，我们编写此书主要有以下三个目的：第一，要教育我们的后代牢牢记住这段惨痛的历史，“前事不忘后事之师”。第二，要教育他们热爱祖国，奋发学习，努力工作，把我国早日建成繁荣富强的国家。第三，也想通过此书教育他们不断地收集日本侵华细菌战新的证据，并给予揭露，迫使日本极右分子在越来越多事实面前，在亚洲受害国家的人民面前低头认罪，并向数十万在日本侵略战争中死去的亡灵谢罪。